JN233419

冠詞がわかれば，
英語が楽しくなる!!

英語は冠詞だ

The Article
——the Key to Success in English

西田 透

開拓社

約束しておこう
冠詞がわかれば，英語が楽しくなる

「冠詞がわからない」
と悩んできたのは私だけではないだろう。英語にたずさわる人なら，すべて冠詞に悩んでこられたのではないだろうか。もちろん長年，私も冠詞で悩んできた一人なのである。

ところで，経験上，いまだに多くの方々が「冠詞がわからない」と悩んでおられるのを私は知っている。私の教室にいらっしゃる方々はすべて（といってよいだろう）冠詞のお話しをすると強い関心をお示しになるのである。

今，私がどうしてもしておきたいこと。それは，少なくとも冠詞についてだけは多くの方々に理解を深めていただきたいことである。けっしてむずかしいことではない。理屈さえ理解していただければ，どなたにもわかっていただけるのが冠詞なのである。ゆっくりゆっくりお話ししたいと思っている。あわてることはない。ゆっくりゆっくり理解していただければそれでよい。ゆっくり行こう。

ところで，急に，ボンとむずかしそうな話になるが，冠詞というのは「超級」の話題なのである。英語を外国語あるいは第二言語として勉強している人たちのために，上から「超級」「上級」「中級」「初級」という4つの国際基準が設けら

れているが，正直な話，冠詞は「超級」の分野である。だからといって，ひるむことはない。初級の英語にも，中級の英語にも，かならず冠詞はでてくる。冠詞がわかれば，超級の英語を理解しているのに等しいわけであるから，それだけ余計に英語を深く理解することにもつながるし，英語の学習それ自体にも喜びを感じるようになるのである。

　約束しておこう。

　　「冠詞がわかれば，英語が楽しくなる」

　超級よりまだ二段階上，言ってみれば，超々々級のレベルを母国人あるいはバイリンガルのレベルという。日本語についていうならば，(信じがたいことかもしれないが) 私も読者の皆さまもすべてこのレベルの日本語を日頃話しているのである。要するに，超級といってもそんなに高いレベルではない。外国人が日本語を勉強したとしよう。そのときの極めて高い国際基準を超級と呼んでいるに過ぎないと考えてよいだろう。しつこいようだが，「超級」という冠詞のレベルにひるむことがあってはならない。けっして，

　　「冠詞はむずかしくない」
のである。

　This is a pen.
という英文にも冠詞(不定冠詞)がある。なぜ，ここで不定冠詞が使われているのだろう。「なぜ」。冠詞への思考は「なぜ」から始まるといってよいだろう。心の中で自分自身に「な

ぜ」と問いかけながら冠詞を思考していただきたいと思うのである。初めて聞くことがあるかもしれない。そんなときは,あせらず,まずそこで一休み。コーヒーでも飲みながら,一呼吸おいて「なぜ」と考えていただきたい。

　「考える」
すると楽しいように冠詞がわかるようになる。冠詞がわかれば,英語の力が何十倍にも高まったに等しいのである。

　「英語は冠詞だ」
　この冠詞がわかれば,今よりも,
　「英語が,もっともっと楽しくなる」
　約束しておこう。

　　　　　　　　　　　　　　　　　　福岡市天神にて
　　　　　　　　　　　　　　　　　　　　　著　者

も く じ

冠詞がわかれば，英語が楽しくなる	3

UNIT 1 不定冠詞・無冠詞をつけて数える数え方　　9

まず，10通りの数え方を覚えよう	9
「無冠詞」という，ちょっとした専門用語	11
「無冠詞」とは，冠詞が無いという意味ではない	13
不定冠詞の意味「同じようなものが，ほかにもある」	15
無冠詞があらわす数「単数と明確な複数の間の数」	18
無冠詞の意味「ようするに，どれか一つ，複数」	21
「明けましておめでとう」には不定冠詞を用いない	26
忘れるな，不定冠詞！	32
英語は明解。だから国際語	37
複数対不定冠詞がなぜ「同じ」？	38
「複数感覚」対不定冠詞がなぜ「同じ」？	41
無冠詞の不明確性	43
無冠詞「少ない数」	47
無冠詞「多い数」	52
不定冠詞と無冠詞を使い分けよう	56
無冠詞と冠詞の省略	59
「一個目」「二個目」が，なぜ不定冠詞	68
複数でも，なぜ不定冠詞	72

UNIT 2 定冠詞をつけて数える数え方   75

 定冠詞を考えよう   75
 定冠詞は「すべて」という意味   78
 定冠詞がもつ概念と定冠詞の種類   81
 不明確なものについて用いたときの定冠詞   89
 数えられない名詞「不可算名詞」   92
 不可算名詞でつかう無冠詞の不明確性   93
 チキンの肉は不可算名詞   95
 「職業」は無冠詞で   97
 不可算名詞：説明しなくてよい定冠詞   101
 説明してあげたほうが親切な定冠詞   108
 不可算名詞：説明しなければならない定冠詞   111
 不定冠詞・無冠詞の種類   116
 制限的用法と非制限的用法   121
 冠詞にはいろいろ説明方法がある   126
 特殊な定冠詞「犬というものは」   137
 「犬のお肉というものは」   143

UNIT 3 所有格をつけて数える数え方   145

 所有格のもとは定冠詞   145
 数を考えて所有格をつかう習慣   151
 所有格は単数・複数考えて   155
 所有格の不明確性   157
 制限的用法と非制限的用法の違い   160

UNIT 4 指示形容詞をつけて数える数え方　164

　逆はかならずしも真ならず　164
　頭の中は複数　166
　この日本？　168

UNIT 5 本当に数える数え方　174

　数の設定　174
　本当に数える　176
　one の意味は「2以上」　185
　文章の単数はいいよ。でも，頭の中も単数？　186
　レフリーとストレス　189
　「すべて」という意味をしっかり頭に入れておく　190
　英語でいってみよう「今日の子どもたち」　192
　当たり前のことだけど理解してる？　195
　基本的な数え方　199
　数の混乱　209

地道に努力をつづけていただきたい　216
付録：著者との「冠詞あれこれ」対談　219

UNIT 1
不定冠詞・無冠詞をつけて数える数え方

> まず，10通りの数え方を覚えよう

で は，さっそく始めよう。
　名詞には，数えられる名詞と数えられない名詞がある。数えられる名詞のことを**可算名詞**とよび，数えられない名詞のことを**不可算名詞**とよんでいる。
　可算名詞は数えられる名詞だから，数えられるということ

はわかるよね。そこで，よく理解できる方の名詞から考えることにしよう。

それは数えられる名詞（可算名詞）である。

	可算名詞単数形の数え方		可算名詞複数形の数え方
1	不定冠詞（a, an）をつけて数える	6	無冠詞（目に見えない冠詞）をつけて数える
2	定冠詞（the）をつけて数える	7	定冠詞（the）をつけて数える
3	所有格（my など）をつけて数える	8	所有格（my など）をつけて数える
4	指示形容詞（this など）をつけて数える	9	指示形容詞（these など）をつけて数える
5	One 〜 と本当に数える	10	Five/Some 〜 と本当に数える

英語では，可算名詞は単数と複数にわかれている。

ここで，最初からちょっとややこしい（？）ことを覚えていただくことにしよう。上の表「可算名詞単数形の数え方」「可算名詞複数形の数え方」をじっくりながめて考えていただきたいのである。

この表はじつに重要な表である。最初から暗記のようなことをお願いして申し訳ないのであるが，何度もなんどもじっくり吟味しながら次のことを順番どおり覚えていただきたい。

それは，この表にある1〜10までの数字と内容である。1の数え方，2の数え方，3の数え方，4の数え方，5の数え方，6の数え方，7の数え方，8の数え方，9の数え方，

Unit 1 不定冠詞・無冠詞をつけて数える数え方　*11*

10の数え方をきっちり頭に入れていただきたいというお願いなのである。

　コンピューターを初めて習うときだって同じだよね。カーソルとかアイコンとか，何だか今まで聞いたことのないような言葉を覚えたりするよね。それとまあ，同じようなものなんだ。

　じゃあ，もう一度，先の表にゆっくり時間をかけて，それぞれの数え方と内容を吟味していただこう。

「無冠詞」という，ちょっとした専門用語

覚えた？　まだ？　いいよ，いいよ。そのうち何度もでてくるから，いつの間にか覚えてしまうと思うよ。

　では，次にいこう。

　2の数え方と7の数え方には共通点があるよね。それは，いずれも**定冠詞**（the）をつかって数えるという共通点だ。

　同じように，3の数え方と8の数え方にも共通点がある。それはいずれも**所有格**（my など）をつかって数えるという共通点だ。

　4の数え方と9の数え方にも共通点がある。それはいずれも**指示形容詞**（this, that, these, those, such など）をつかって数えるという共通点だ。

　5の数え方と10の数え方にも共通点がある。それはいず

れも**本当に数える**という共通点だ。

と，考えると，はたして1の数え方と6の数え方には共通点があるのだろうかという疑問がでてこない？　そう。じつは共通点があるんだよ。まず，それを考えたいのであるが，その前に，もう一つ重要なことを覚えていただきたい。

☺専門用語を日頃から日常語のようにつかうのがコツ

それは**無冠詞**という言葉である。大した専門用語じゃないかもしれないが，「無冠詞」という専門用語を覚えていただきたいのである。

> 「まえがき」で私の日本語は超々々級の日本語だっていったよね。じつは超々々級の中にも上の方の超々々級（超々々級↑）もあるし，下の方の超々々級（超々々級↓）もあるんだよ。おそらく私の日本語は超々々級の日本語だと思うんだ。それも，ずうっと下の超々々級だろうと思っている。
>
> そりゃあ，外国人の日本語からすれば私の日本語は超々々級だよ。でも，日本人同士の間では私は語彙力に欠けるし，それだけ表現力もないわけだから下の方の超々々級だと思うんだ。
>
> 話はかわるが，昔，「男の料理」に挑戦しかけたことがある。でもね，教科書を読んでも，専門用語が多くてやめてしまったんだ。

Unit 1 不定冠詞・無冠詞をつけて数える数え方

「何々包丁で，何とか切りにする」とか，「カップ何杯の水」とか何とか教科書に書いてあった。

じつは「何々包丁」という言葉，これなんか日頃何も考えないで使っているよね。でも「何々包丁」はそれなりに専門用語なんだ。「何々をみじん切りにする」というよね。その「みじん切り」という言葉だって専門用語なんだ。「カップ一杯の水」というときの「カップ」だって同じこと。これも専門用語なんだ。そういう専門用語になじめなければ，チャーハンすら作れない私のようになってしまうかも，ということがいいたいわけなんだ。うまく通じているかな？ 身勝手なお願いかもしれないが，冠詞についてだけは私の「男の料理」のようになっていただきたくないというわけだ。「無冠詞」という専門用語のこと，お願いするよ。

「無冠詞」とは，冠詞が無いという意味ではない

料理をする人にとって常識的な言葉であっても，料理をしたことのない人にとってはそれが専門用語であることが多いのと同様，英語の学習にも文法用語にいろいろ専

門用語がある。専門用語を抜きにして英語を教えようという試みがなされているように聞いたことがあるが，それはそれは至難の技といってよいだろう。

　さて，料理でいう「カップ」とはふつうのカップでないらしいのと同じように，ここでいう**無冠詞**とは「冠詞が無い」という意味ではない。つまり，no article という意味ではな

　無冠詞 ≠ no article　　無冠詞 ＝ zero article

いのである。zero article という，れっきとした冠詞であるのが「無冠詞」なのである。

　「冠詞が無い」という概念と「無冠詞」という概念を混同してはならない。「冠詞が無い」というのは「冠詞の省略」というのが適切ではなかろうかと考えている。ただし，本書では「冠詞の省略」という概念はくわしくあつかわない予定にしている。というのは，それは各種文法書に「冠詞の省略」についての詳細な記述がなされているからである。

　本書では，**英語の数意識**という観点から zero article とよばれる「無冠詞」をひんぱんにとりあつかうので，読者の皆さんには「無冠詞」という言葉に慣れしたしんでいただきたいと思うのである。

　冒頭から，あれこれややこしい話がつづいてしまったようだ。ここでふたたび一息ついていただこう。

　　　　　一息ついていただいているところで，また「無冠詞」の話で申し訳ないのであるが，「無

冠詞」にかわるよい表現はないものかと常日頃から考えている。しかし，なかなか妙案が思い浮かばず，ついついこの言葉をつかってしまっている。「冠詞の省略」と混同されそうで不安なのであるが，定義らしきことをしっかりしておけばわかっていただけるだろうと自分に言い聞かせながら「無冠詞」という言葉をつかっている。しかし，それでもやはり不安な気持ちはぬぐいされず，何だかこのようにぐちっぽいことをいいながら，こうしてあいもかわらず「無冠詞」という言葉をつかいつづけているのが現状なのである。

不定冠詞の意味「同じようなものが，ほかにもある」

1 の数え方では**不定冠詞**（a, an）をつかって数える。それにたいして6の数え方では**無冠詞**（という目に見えない耳に聞こえない冠詞）をつかって数えるのである。

　ここからは，無冠詞とは何かを考えようとするのであるが，その前に**不定冠詞**とは何かを考えておこう。

　不定冠詞の定義というか意味である。

―――― **不定冠詞** ――――

不定冠詞があらわす数は,次にくる名詞が<u>複数ある</u>という「複数性」に基づいた上での、そのうち,どれでも(どちらでも)よいから一つあるいは一人という単数である

「不定冠詞があらわす数は,次にくる名詞が<u>複数ある</u>という**複数性**に基づいた上での,そのうち,どれでも(どちらでも)よいから一つあるいは一人という単数である」

不定冠詞にかぎらず,冠詞とはつねに名詞(がさす,あるいは意味するもの)の数をあらわしている。これを**名詞の数意識**と名づけることにしよう。「数意識」なんて,むずかしい言い方だけれど,ようするに「冠詞は名詞の数をあらわしている」というだけのことであり,名詞の数をあらわすから,

「**名詞の数を考える**」

これが冠詞にたいする基本的な姿勢なのである。「名詞の数意識」とは,たんに「名詞の数を考えながら冠詞を選ぶ」という意味にすぎない。

さて,**不定冠詞**の基本は「次にくる名詞が<u>複数ある</u>」という意味であることだ。これをむずかしい言葉でいうと**不定冠詞の複数性**という。

「**次にくる名詞が複数ある**」

まず,これが不定冠詞をつかうときの大前提になっている。つぎに,

「**そのうち,どれでもよいから一つ**」

という意味である。これもまた重要な概念である。「どれでもよいから」というところが重要なのである。これをむずかしい言葉でいうと

　「不定冠詞の任意性」

という。「任意性」とは、ようするに「どれでもよい」という意味であって、その「どれでもよいから一つ」という単数の数をあらわすのが不定冠詞なのである。意味でいうと、

　「同じようなものが，ほかにもある」

> **不定冠詞「同じようなものが，ほかにもある」**

という意味だ。

　わかった？

　少しだけ頭が痛くなってきた？　じゃあ，簡単な例文をつかって不定冠詞のあらわす数を考えることにしよう。

　"This is a pen."

にある不定冠詞について考えてみよう。

　いま，手にペンを一本持っていると考えてみると，たしかに手に持っているペンの数は一本であるが，文房具屋にいけばペンなどいくらでも売っている（つまり，複数ある）。たまたまここにあるペンはそのうちの一本（つまり，任意の一本）にすぎない。だから a pen なのである。

　赤ペンであろうが，青ペンであろうがかまわない。ペンであればよいわけだ。いま，手にしているようなペンは，ほかにもいろいろあるでしょう。だから，a pen なのである。

わかった？　簡単でしょ。

ところで，いま，〈ペンなどいくらでも売っている〉〈ほかにもいろいろあるでしょう〉といったが，ここで誤解してはいけないことを一つ。

不定冠詞は，次にくる名詞が「複数ある」という数意識で用いるのであるが，複数あるというのは「たくさんある必要はない」。世の中にペンが二本しかなかったとしよう。**二本でもあれば複数である**から，それだけで不定冠詞をつかえる条件がととのっているわけだ。

無冠詞があらわす数「単数と明確な複数の間の数」

さて，ここで6の数え方にもどって**無冠詞**という冠詞を考えてみることにしよう。

無冠詞の定義というか意味である。

無　冠　詞

無冠詞があらわす数(量)は，次にくる名詞の
単数からその名詞の複数すべて(あるいはその
量すべて)の間の数(量)である

「無冠詞があらわす数(量)は，次にくる名詞の単数からその名詞の複数すべて(あるいはその量すべて)の間の数(量)である」

これは少しばかりややこしい。そこで、りんごをつかって無冠詞を考えることにしよう。

☺表（Ⅰ，Ⅱ，Ⅲ）に慣れ親しむのがコツ

表（Ⅰ，Ⅱ，Ⅲ）を見ていただこう。

（Ⅰ）の表には、りんごが一個しかない。これにたいして（Ⅲ）の表にはりんごが数多く入っている。「数多く入っている」では数がはっきりしないから、とりあえず200個りんごが入っていることにしよう。

簡単にいうと、**無冠詞**とは（Ⅰ）と（Ⅲ）の表の間の数（量）をあらわす冠詞なのである。整数でいえば、二個から199個までの数をあらわしている。もう少しくわしくいうと、一個を超える数から200個未満の数をあらわしているのである。一個を超える数であるから、1.3個でも1.7個でもよい。200個未満の数であるから、199.6個でも199.8個でもよい。ようするに（Ⅰ）と（Ⅲ）の間の数（量）であればよいわけだ。これが無冠詞のあらわす数（量）である。

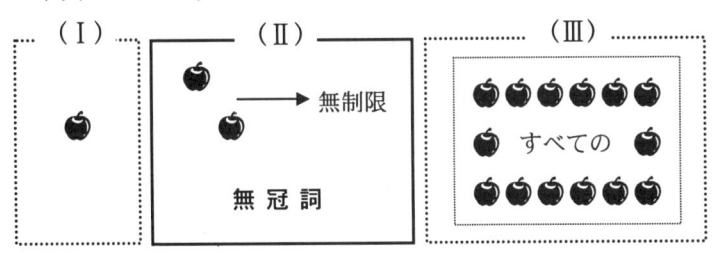

わかれば簡単。それでは、また、ここで一休みにしよう。一気にやってしまうと苦しくなるから、休みながらゆっくり

行こう。

　一休みなのに申し訳ないが、表（Ⅰ，Ⅱ，Ⅲ）は重要だよ。これからはこの表もよくつかう。しっかり頭に入れておいていただきたい。この表でいろんなことが解決するんだ。

☺この表に確信を持つのがコツ

　ある時、私の教室で教えてくださっている母国人の先生（とうぜんながら超々々級の英語力の人だよ）が、冠詞の説明に困るから、私に冠詞を教えてくれといってきたことがある。超々々級の人に私のような外国人が教えるなんてとんでもないとお断わりしたのだが、「こういうことは母国人よりも外国人の方がよく知っているから」とか何とかいっておだてられたものだから、ついつい調子にのってこのような表を書いて"教えた"ことがある。すると、うれしかったね。

　「わかった！」って、いってくれたんだ。

　これ、本当の話だよ。私が威張っているわけではなく、母国人の先生にでもわかっていただけた表なんだから、皆さんにもわかっていただけないはずはないとあの時、確信したんだけれど、そういう論理でよいわけだよね。

Unit 1 不定冠詞・無冠詞をつけて数える数え方　21

「この表は、かならず冠詞がわかる表なんだ」と信じてついてきていただきたいと思っている。だんだんとややこしくなるけれど、私の「男の料理」のようにならないで！

無冠詞の意味「ようするに，どれか一つ，複数」

さて、ここから1の数え方（不定冠詞）と6の数え方（無冠詞）の共通点について考えてみることにしよう。

現在，（Ⅱ）の表にはりんごが二個あるとする。つまり複

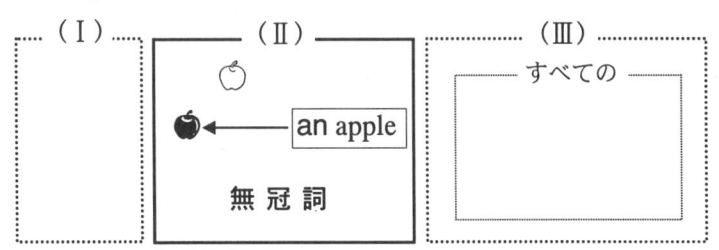

（Ⅰ）	（Ⅱ）	（Ⅲ）
	🍎 🍎 ← an apple 無冠詞	すべての

数あるというわけだ。このいずれかのりんご（どちらのりんごでもよい＝左のりんごにしておこう）が**不定冠詞**（矢印←）のりんごである。

またはこの一個のりんごのことを、あとで説明するが本当に数えて（5の数え方）one apple

one apple ⟹ 🍎🍎

（矢印⟹）とよんでもよい（177ページ参照）。

◎不定冠詞は「複数性」を頭において考えるのがコツ

現在，（Ⅱ）の表にはりんごが3個ある。つまり複数あるわけだ。このいずれかのりんご（どのりんごでもよい＝一番右のりんごにしておこう）が**不定冠詞**（矢印 ←―）のりんごである。

```
……（Ⅰ）……  ┌─（Ⅱ）─┐  ……（Ⅲ）……
:         :  │   🍎    │  :  ──すべての──  :
:         :  │ 🍎  🍎 ←─── an apple   :
:         :  │          │  :              :
:         :  │  無 冠 詞 │  :              :
```

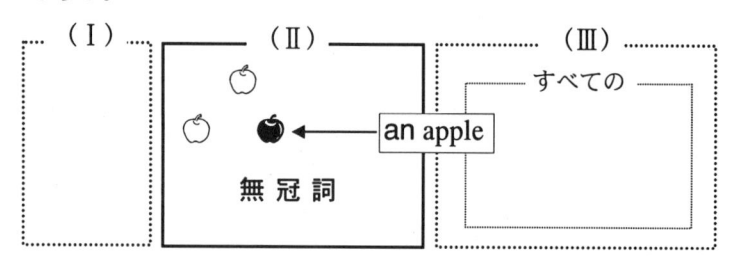

現在，（Ⅱ）の表にはりんごが5個ある。つまり複数あるわけだ。このいずれかのりんご（どのりんごでもよい＝真ん

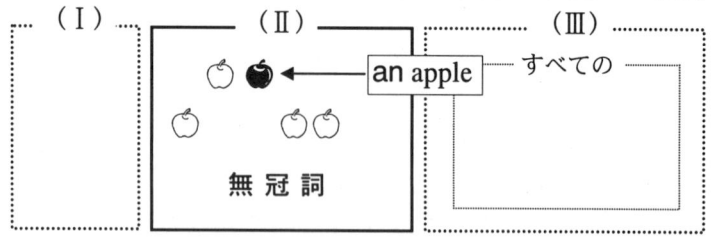

```
……（Ⅰ）……  ┌─（Ⅱ）─┐  ……（Ⅲ）……
:         :  │ 🍎 🍎 ←─── an apple   :
:         :  │          │  :  ──すべての──  :
:         :  │ 🍎 🍎🍎 │  :              :
:         :  │  無 冠 詞 │  :              :
```

中のりんごにしておこう）が**不定冠詞**（矢印 ←―）のりんごである。

つまり，不定冠詞とは，

「複数の中のどれでもよいから一つ」

「まだほかにもある」

という意味の数をあらわしている。これは前にのべた。

Unit 1 不定冠詞・無冠詞をつけて数える数え方　23

☺無冠詞は不定冠詞と親戚関係。これを考えておくのがコツ

これにたいして**無冠詞**とは，

　「表Ⅰから表Ⅲの間の，どの組み合わせのどの複数でもよいから複数である」

いってみれば，

　「同じような組み合わせの数は，まだほかにもある」

ということなのだが，わかっていただけるだろうか。

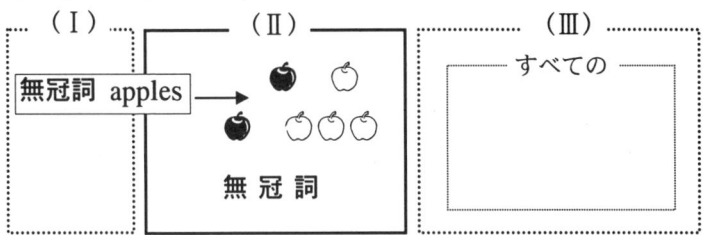

```
.....（Ⅰ）.....｜.....（Ⅱ）.....｜.....（Ⅲ）.....
                                  すべての
  無冠詞 apples  →  🍎 🍏
                    🍎 🍏🍏
                   無 冠 詞
```

　たとえば，ここにりんごが（何個でもよい）6個あるとしよう。このいずれか二個のりんご（どの二個でもよい＝左から二個にしておこう）が apples，つまり**無冠詞**（目に見えない耳に聞こえない冠詞）＋ apples（矢印 ━━▶）なのである。

　　　またはこの二個のりんごのことを本当に数
```
     two apples ⟹ 🍎🍎🍏🍏🍏🍏
```
えて（10 の数え方）two apples（矢印 ⟹）とよんでもよい（202 ページ参照）。

　　　さらにこの二個のりんごを不定冠詞で a two
```
     a two apples ----▶ 🍎🍎🍏🍏🍏🍏
```

apples とよぶことができる（矢印 --▶）し，この数え方には重要な意味がかくされている。ただし，この特殊な不定冠詞の使い方をふくめ，ほかにもいろいろ複雑な数え方があるが，本書ではこれらを省略し「数え方の基礎」にしぼり，主として15通りの数え方（92, 116, 122ページの表参照）について論じることにしている。

☺表のⅡの中ならいくつでも無冠詞。これを理解するのがコツ

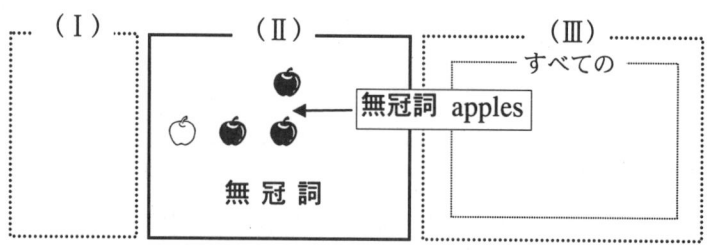

ここにりんごが（何個でもよい）4個あるとしよう。このいずれか3個のりんご（どの3個でもよい＝右から3個にしておこう）が apples，つまり**無冠詞**（目に見えない耳に聞こえない冠詞）＋ apples（矢印 ◀——）なのである。

ここにりんごが（何個でもよい）7個あるとしよう。この

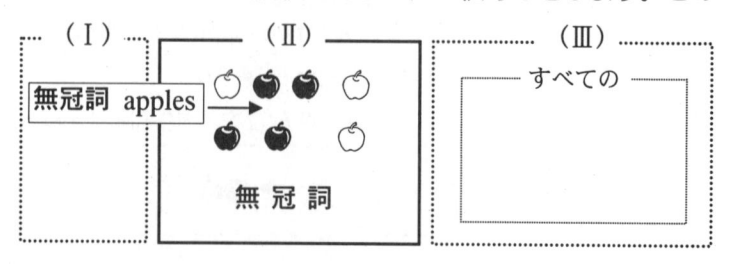

いずれか4個のりんご（どの4個でもよい＝真ん中の4個にしておこう）が apples，つまり**無冠詞**（目に見えない耳に聞こえない冠詞）＋ apples（矢印 ⟶ ）なのである。

もちろん，199個でもかまわない。ようするに**無冠詞**とは，「**表Ⅲの数未満の任意の複数**」をあらわすときに用いる冠詞なのである。

不定冠詞と無冠詞の共通点が理解していただけたであろうか。

☺**何事も，きちんと整理しておくのがコツ**

整理しておこう。**不定冠詞**は，

「どれでもよいから一つ，つまり任意の単数」

これにたいして**無冠詞**は，

「どの組み合わせの複数でもよいから，**表Ⅲ未満の任意の複数**」

「同じような組み合わせの数は，まだほかにもある」

 無冠詞「同じような組み合わせの数は，ほかにもある」

という数をあらわしているのである。

「明けましておめでとう」には不定冠詞を用いない

現在，1の数え方（不定冠詞）と6の数え方（無冠詞）について話をすすめている。概要はわかっていただけたと思うので，ふたたび1の数え方にもどって話をつづけたい。

「さようなら」

これを英語でいろいろいってみることにしよう。

もっともよく用いられることばが，

"Goodbye."

または，

"Goodby."

である。これは，もともと可算名詞で，単数形が goodbye あるいは goodby, 複数形が goodbyes あるいは goodbys である。

「さようなら」

と，あいさつ（**間投詞**＝interjection）で goodbye/goodby を用いるときには単数形のまま，

"Goodbye."

または，

"Goodby."

というが，これを，**不定冠詞をつかって**，

"*A* goodbye."

または，

"*A* goodby."

というのではない。

"I wish you a goodbye."

または,

"Have a goodby."

なら**不定冠詞をつかっている。なぜだろう。考えていただきたい。**

ところで,

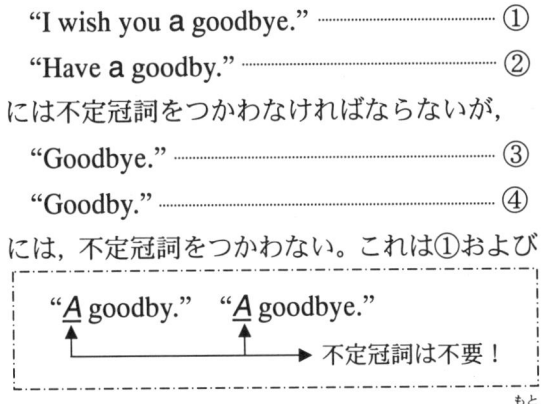

"I wish you a goodbye." ……………… ①

"Have a goodby." ……………………………… ②

には不定冠詞をつかわなければならないが,

"Goodbye." ……………………………………… ③

"Goodby." ………………………………………… ④

には, 不定冠詞をつかわない。これは①および

"*A* goodby." "*A* goodbye."
⬆ ⬆ ➡ 不定冠詞は不要!

---

②は正規の文章であるから**英語の数意識**に基づいた文章でなければならない。

これにたいして, ③および④ではそれぞれ名詞を interjection として用いている。この場合の名詞は「英語の数意識」に左右されない。

つまり, ③および④では**無冠詞状態になっている。**ただし, ③および④では無冠詞をつかっているという概念ではない。むしろ, これは**冠**

詞の省略なのである。

☺不定冠詞の乱用をさけるのがコツ

"Good morning."

も「さようなら」という間投詞句（interjection phrase）で用いることができる。これも，先と同様，きちんとした文章でいうならば，

"I wish you a good morning."

"Have a good morning."

なのであるが，interjection phrase として用いるならば，

"Good morning."

であって，これを，不定冠詞をつかって，

"A good morning."

```
        "A good morning."
            ↑
            └──→ 不定冠詞は不要!
```

というのではない。"A good morning." ならば，もはや「じゃあ，さようなら」という interjection phrase にはならない。たんに "(This is) a good morning." という文章の主語と動詞を省略したにすぎないのである。

"Merry Christmas."

だって同じこと。会ったときには "Merry Christmas." という interjection phrase であいさつをかわす。「じゃあ，さようなら」と別れるときにも "Merry Christmas." という interjection phrase で別れる。これを文章でいうときには，きちん

と不定冠詞をつかって，

"I wish you a merry Christmas."

"Have a merry Christmas."

という。ただし，interjection phrase としていう場合には，**不定冠詞をつかって**，

"A merry Christmas."

"A merry Christmas."
→ 不定冠詞は不要!

というのではない。"A merry Christmas." ならば，もはや，「じゃあ，さようなら」という interjection phrase にはならない。たんに，"(This is) a merry Christmas." という文章の主語と動詞を省略したにすぎないのである。

"Happy New Year."

だって同じこと。会ったときには "Happy New Year." という interjection phrase であいさつをかわす。「じゃあ，さようなら」と別れるときにも "Happy New Year." という interjection phrase で別れる。これを文章でいうときには，きちんと**不定冠詞をつかって**，

"I wish you a happy New Year."

"Have a happy New Year."

という。ただし，interjection phrase としていう場合には，

"A happy New Year."
→ 不定冠詞は不要!

不定冠詞をつかって,

  "*A* happy New Year."

というのではない。"*A* happy New Year." ならば, もはや「明けましておめでとう」「じゃあ, さようなら」という interjection phrase にはならない。たんに "(This is) a happy New Year." という文章の主語と動詞を省略したにすぎないのである。これでは, あいさつでもなければ何でもない。いってみれば, ペンを手にして "This is a pen." といっているようなものである。

  ここで, ちょっとだけむずかしい話をしておこう。少し頭の中が混乱するかもしれないが……。

☺**間違いをおそれない！ これもコツ。でも……**

日本人というのは英語からみれば外国人だよね。

  「日本人という外国人が書いたり話したりする英語には当然ながらあちこちにまちがいがあるものだ。高いレベルの英語を書いたり話したりできないのは当然のことなのである」

というのが, (専門用語でごめんね) proficiency という観点から日本人の英語をみた場合の考え方である。つまり, communication の原点は form よりも function にある。はっき

りいってしまえば,

　「もともと英語力のレベルが低い日本人に, 高いレベルの英語力をもとめること自体に問題がある」

という考え方に基づいているのが proficiency という観点からみた考え方なのである。それはそれで一理ある。

　お正月の年賀状に送り主がまちがって,

　"*A* happy New Year."

あるいは大文字で,

　"*A* Happy New Year."

と書いてきたとしよう。だれも,

　「これって "This is a happy New Year." の省略？　何の意味の年賀状？　いったい何がいいたいの？」

なんていう意地悪い受け取り方はしない。"*A* happy New Year." でも, それなりの function をもっているからである。そういう意味では "*A* happy New Year." でも通じる。だから,

　「"*A* happy New Year." でも, いっこうにかまわない」

というのは, たしかに一理ある。ただ, これでは, いつまでたっても日本人の英語に向上はない。私はそれがくやしいのである。

変な理屈かもしれないが，私は読者の皆さんと同じ日本人であるということを考えた場合，どうしてももう少し超級に近い英語思考の英語を志向していただきたいと切に思うから，

　　「明けましておめでとうには不定冠詞を用いてはならない」

というのである。

忘れるな，不定冠詞！

不定冠詞をつかって文をつくってみよう。

「きのうの晩ディスコにいってきました」を英語になおすと，

　　"I went to disco last night."

はダメだよ。**不定冠詞**を忘れてはいけない。

　　"I went to a disco last night."

という。ディスコなんて世の中に複数あるから，**不定冠詞をつかう**。

次にいこう。

　「あなたの時計はどこ製ですか？」

　「セイコーです」

これも，

> It's <u>無冠詞</u> Seiko.
>   ↑
>   └→ これは会社の名前

  A: What make is your watch?
  B: It's Seiko.
はダメ。不定冠詞を忘れている。

  A: What make is your watch?
  B: It's **a** Seiko.

と不定冠詞をつかう。セイコーという名の時計は世の中に複数あるから a Seiko なのだ。

  時計をテープレコーダーにおきかえてみよう。

  A: What make is your tape recorder?
  B: It's Sony.
  A: What model is it?
  B: It's Sony TCM5000EV.

はダメ。また不定冠詞を忘れてる。Sony だけなら「会社」の名前であって,「商品・製品」の名前でなくなってしまう。これも,

  A: What make is your tape recorder?
  B: It's **a** Sony.
  A: What model is it?
  B: It's **a** Sony TCM5000EV.

と不定冠詞をつかう。ほらっ、よくテレビや新聞広告で見かけるでしょ。ちゃんと不定冠詞がついている。

  次は衣料品店での会話。

「シャツをください」
「サイズは？」
「Ｓです」

A: I'm looking for a shirt.
B: What size do you wear?
A: Small.

はダメ。また不定冠詞を忘れてる。

A: I'm looking for a shirt.
B: What size do you wear?
A: A small.

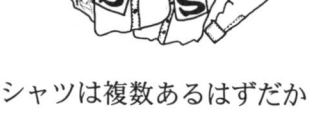

と不定冠詞をつかう。Ｓサイズのシャツは複数あるはずだから**不定冠詞なのだ**。ついでに、

B: What size do you wear?
A: I wear a small.

でもよいし、

B: What size do you wear?
A: I'm looking for one in a small.

でもよいが、**不定冠詞を忘れないことだ**。

「わたし、マイケル・ジャクソンのファンだったの」
は所有格をつかって、

"I was *Michael Jackson's* fan." ……………… ①

というのではない。**不定冠詞をつかって**、

"I was a Michael Jackson fan." ……………… ②

という。

ただし，

"I was *Michael Jackson's* fan." ……… ①

という「所有格＋可算名詞単数形」（3の数え方）の英文についてはあとでくわしくのべるが，

「マイケル・ジャクソンには一人しかファンがいませんでした。そのファンが私だったのです」

"John is my boyfriend." の意味は何？

という意味になるので注意しておこう（150ページ参照）。

また，

"I was a Michael Jackson fan." ……… ②

という②の類(たぐい)の英文についても，以下のまちがいがよくあるので簡単に説明しておこう。

まず，

「固有名詞（大文字）＋普通名詞（小文字）は可算名詞」

固有名詞＋普通名詞＝可算名詞

であるという約束ごとを忘れている人が意外と多い。

「あの人は東京の大学に行っています」

という日本文を，

"He goes to Tokyo university."

という英文にすると,「あれっ,東京大学（Tokyo University＝大文字）のことかな？」と勘違いしてしまう。

"He goes to *the* Tokyo university."
と定冠詞をつかっていうと,「あれっ,東京には大学が一つしかないのかな？」と勘違いしてしまう（85ペ-ジ参照）。

"He goes to a Tokyo university."
と**不定冠詞**をつかっていうのが正解だ。これも注意しておこう。

☺意味（つまり,数）を考えて不定冠詞をつかうのがコツ

「わたし,牡羊座。あなたは？」
「わたし,獅子座」

A: I'm Aries. What's your sign?
B: I'm Leo.

はダメ。これも不定冠詞を忘れてる。

A: I'm an Aries. What's your sign?
B: I'm a Leo.

と,それぞれしっかり**不定冠詞をつけて**いう。なぜ？ 牡羊座の人も獅子座の人も世の中には**複数いる**からである。

英語は明解。だから国際語

不定冠詞と無冠詞の一部しか話していないので、まだ少し早いかもしれないが、

「英語は明解！」

という、うそのような本当の話をしておこう。

日本語には冠詞というものがない。だから「名詞の数」がほとんど不明確というか不明なのだが、英語には（不定冠詞・無冠詞をふくめ）冠詞があるから**名詞の数が明確あるいは明確に近い**という利点がある。

日本語では「名詞を数える」といっても、1, 2, 3, 4と数えるくらいのことで、そのほかは、いちいち名詞の数を考えて書いたり話したりすることはない。

ところが英語には不定冠詞・無冠詞をふくめ冠詞があるから名詞の数がはっきりしている。これは文の意味を正確に理解するうえで、たいへん大切なことである。

たとえば、

"This is a pen."

の不定冠詞で「ペンは、ほかにもある」ということがわかる。

"The woman she met at the library was a friend of hers."

の不定冠詞では「この女性には友だちが**複数いる**」ということがわかる。

そのほか例文を中学校の検定済英語教科書からひろって

みよう。

"Look at this! I got an A in math."
の不定冠詞から「Aという評価は複数あって，Aをもらった**生徒はほかにもいるだろう**」ということがわかる。

"Now I'm visiting a quiet part of London."
の不定冠詞からは「ロンドンには，**静かなところが複数ある**」ことがわかる。

"She looks like a young girl from a good family."
の不定冠詞から「**若い女性は**（当たり前のことだけれど）**複数いる**」ことがわかるし，「**血筋のよい家族**（とでもいうか）**は世に複数ある**」こともわかる。

このように日本語では推測でしかわからない「数」が，英語では日本語よりもはるかによく理解できる。これは英語の利点であって，だからこそ，

「英語は明解！」
といってよいのだ。

さらに，もう一つ。英語は，

「**明解だからこそ，世界中の人が国際語としてつかっている**」
といってよいだろう。

複数対不定冠詞がなぜ「同じ」？

「わたしたちは同じ年齢です」

という文を英語になおすと,

 "We are the same age."

なのだが,

 "We are of an age."

といってもよい。ところで, We という複数に対して an age という**不定冠詞**（の単数）が, なぜ**同じ年齢**という意味になるのだろう。

不定冠詞の概念をもう一度復習してみよう。

「不定冠詞があらわす数は, 次にくる名詞が複数あるという「複数性」に基づいた上での, そのうち, どれでも（どちらでも）よいから一つあるいは一人という単数である」

不 定 冠 詞

不定冠詞があらわす数は, 次にくる名詞が<u>複数ある</u>という「複数性」に基づいた上での, そのうち, どれでも（どちらでも）よいから一つあるいは一人という単数である

であった。そこで考えてみよう。

年齢には18歳という年齢もあるし, 23歳という年齢もある。そのように複数あるなかで, どの年齢でもよいから一つというのが an age の意味である。

ここで, We という複数の人の年齢について考えてみよう。Aさんは31歳だとする。Bさんも31歳だとする。この31歳という**年齢はいろいろ複数ある年齢のなかの一つ**だから**不定冠詞**をつかって,

"We are of an age."

という。すると We という複数の人（AさんとBさん）は**同じ年齢**という意味になるのだ。

☺単数と複数の関係を頭において考えるのがコツ

「類は友を呼ぶ」

を英語（同じ羽の鳥はいっしょにあつまる）になおすと，

"Bird<u>s</u> of a feather flock together."

であるが，なぜこの不定冠詞（の単数形）が「同じ」という意味になるのだろう。

羽にはいろんな羽がある。赤い羽もあれば柄のちがう羽もある。このように複数あるなかでどんな羽でもよいから一つというのが a feather の意味だ。

ここで，Birds という複数の鳥とその羽の関係について考えてみよう。Aという鳥の羽を黄色だとしよう。Bという鳥の羽もまったく同じ黄色だとしよう。この黄色の羽は**いろいろ種類が複数あるなかの一つであるから不定冠詞**をつかって，

"Bird<u>s</u> of a feather flock together."

となる。すると，Bird<u>s</u> という**複数の鳥**が「同じ」羽を持っていることになるのだ。

「複数感覚」対不定冠詞がなぜ「同じ」？

「あの人はよくうそをつく」
を英語で何といえばよいだろう。まず，よくあるまちがい（**現実との不一致**）からはじめよう。

"... tell *a* lie."

は「うそをつく」と覚え，これを「うそをつく」の〈きまり

---
tell *a* lie ─────→ うそをつく

文句〉と誤解している人が多い。だから，「よくうそをつく」
はこれに often をつけて，

---
tell *a* lie ─────→ うそをつく
　　　　　　　←
よくうそをつく ─────→ *often* tell *a* lie

"He *often* tells *a* lie."
という英文をつくってしまうのである。

☺**意味（つまり，現実との一致）が大切。これがコツ**

上の英語は文法的には何のあやまりもない。主語，副詞，動詞，数をあらわす形容詞，目的語が正しくならべてある。

話はそれるが，文法的に正しい英文が，かならずしも正しい英語とはかぎらない。たとえば，

"He is a girl."

という文章は文法的に正しいが意味がおかしい。ふつうに考えて内容に無理がある。He と a girl のあいだに**現実との不一致**があるからだ。

　もとにもどって，
　　"He *often* tells *a* lie."
という英文にも**現実との不一致**があるのだが，お気づきだろうか。

　「動詞の起こりうる頻度」について少し考えてみよう。

　副詞・副詞句（節）には**単数感覚**と**複数感覚**をあらわすものがあり，often は動詞の複数感覚をあらわす副詞である。上の英文は動詞の**複数感覚**（*often*）対**不定冠詞**（*a*）という関係になっているので，
　　"He *often* tells *a* lie."
は「同じ」ことについてうそ（それも単数のうそ）をつくという意味になっている。ここがおかしい。

☺「現実との一致⇔無理のない考え方」これがコツ

　説明しよう。

　うそにはいろんなうそがあるね。*a* lie はそのうちの何でもよいから一つという意味だ。何でもよいのだから，何か一つ例を考えてみよう。

　He という人に名前をきくと本当のことをいう。住所をきくとこれも本当のことをいう。年齢も本当のことをいう。何でも本当のことをいうのだが，ただ一つ職業については

often（70〜80％）という頻度でうそをいう。学生でもないのに "I am a student." という，ということにしよう。これが *a* lie である。

さて，こういう人のことを「<u>よく</u>うそをつく」というのだろうか。いや，そうではない。「よくうそをつく人」というのは「あれこれ**複数のうそをつく人**」のことだろう。それが<u>ふつうに無理のない考え方</u>をしたときの現実だ。であるならば，

"He *often* tells *a* lie."

には**現実との不一致**がある。だからこの英文はまちがっているといってよい。

"He often tells lies."

無冠詞＋可算名詞複数形 lies（6 の数え方）をつかった英文が正しい英文なのである（54ページ参照）。

無冠詞の不明確性

さて，ここで6の数え方（**無冠詞＋可算名詞複数形**）に話をもどして，さらにいろいろ考えてみることにしよう。

無冠詞はそれなりの「数」と「意味」をもっている。まずその基本的な「数」を復習しておこう。

「無冠詞があらわす数（量）は，次にくる名詞の単数（ある

いは単数量）からその名詞の複数すべて（あるいは複数量すべて）の間の数（量）である」

---- 無 冠 詞 ----

無冠詞があらわす数（量）は，次にくる名詞の単数（あるいは単数量）からその名詞の複数すべて（あるいは複数量すべて）の間の数（量）である

であった。そこで考えてみよう。

さて，この基本的な数意識から，**二つの「意味」が派生**することに注目していただきたい。

表（Ⅰ，Ⅱ，Ⅲ）を見ていただこう。

（Ⅰ）の表には，りんごが一個しかない。

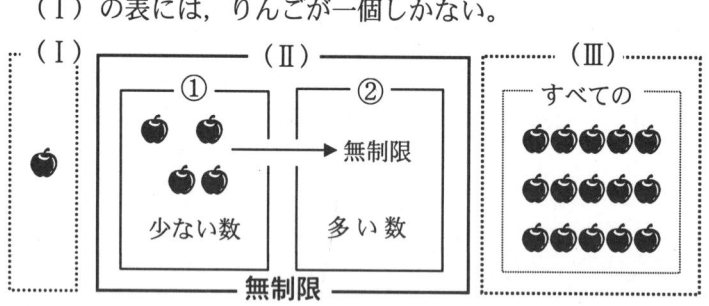

（Ⅲ）の表には，りんごが数多く入っている。「数多く入っている」では不明確なので，とりあえず，200個入っていることにしておこう。

さて，（Ⅱ）の表について考えてみよう。

「**無冠詞**＋apples」とは，（Ⅱ）の表の中のりんごのことである。わずか2個のことかもしれない。わずか3個のことかもしれない。わずか4個のことかもしれないのである。

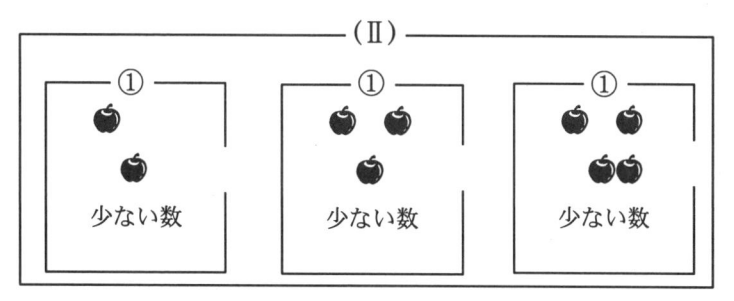

```
┌─────────────────────── (Ⅱ) ───────────────────────┐
│  ┌─── ① ───┐    ┌─── ① ───┐    ┌─── ① ───┐  │
│  │   🍎    │    │  🍎 🍎  │    │  🍎 🍎  │  │
│  │   🍎    │    │    🍎   │    │  🍎 🍎  │  │
│  │ 少ない数 │    │ 少ない数 │    │ 少ない数 │  │
│  └─────────┘    └─────────┘    └─────────┘  │
└─────────────────────────────────────────────────┘
```

しかし，もしかしたら78個のことかもしれない。120個のことかもしれない。もしかしたら，200個にかぎりなく近い196個のことかもしれないのである。

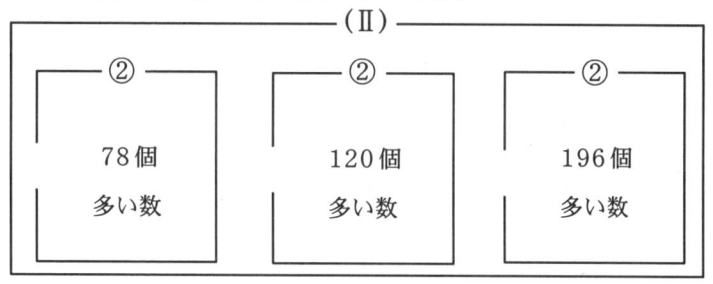

```
┌─────────────────────── (Ⅱ) ───────────────────────┐
│  ┌─── ② ───┐    ┌─── ② ───┐    ┌─── ② ───┐  │
│  │         │    │         │    │         │  │
│  │  78個   │    │  120個  │    │  196個  │  │
│  │ 多い数  │    │ 多い数  │    │ 多い数  │  │
│  └─────────┘    └─────────┘    └─────────┘  │
└─────────────────────────────────────────────────┘
```

このように「**無冠詞**＋apples」とは，（Ⅰ）と（Ⅲ）の間にあるりんごの数すべてについてその数を示しているのである。

ここまではこれまでの復習なのであるが，ここからもう少し考えてみよう。

☺**無冠詞がもつ特殊な意味。これを理解するのがコツ**

無冠詞の数をよく吟味してみると二つに分けることができるのに気がつく。一つは，2個，3個，4個という「①**少**

ない数」と，もう一つが無制限に「②**多い数**」である。
　つまり**無冠詞**とは，

```
┌────────── 無冠詞の不明確性 ──────────┐
│                                              │
│    ①　少ない数　（＝少なくてよい数             │
│                  　＝多いとは限らない）        │
│    ②　多 い 数　（＝非常に多くてよい数         │
│                  　＝非常に多い数）            │
│                                              │
└──────────────────────────────┘
```

　「**少ない数**」
つまり，「少なくてよい数」「多いとは限らない数」と，
　「**多い数**」
つまり，「非常に多くてよい数」「非常に多い数」
という，**二つの極端な意味をもった特殊な冠詞**である。①と②，どちらの意味でつかわれている無冠詞かは，そのときどきによって違ってくる。

☺無理のない具体例から始めるのが上達へのコツ

　たとえば，私たち**一般の買物客**がくだもの屋で，
　　「りんごをください」
　　"Give me apples."
といえば，「**①少ない数**」の意味の無冠詞と考えてよい。

　　　　　ただし，この場合は，「**②多い数**」の意味でないことを確認するために，

　　　　"Give me some apples."

　　　といってもよい。some については，10 の数え方（本当に数える）で説明する（205ペ-ジ参照）。

ところが，くだもの屋さん自身が青果市場で，
　「りんごをください」
　"Give me apples."
といえば，おそらく「②**多い数**」のことだろう。

このように**無冠詞**は，そのときどきによって異なった数を意味するある種の**不明確性**をもった特殊な冠詞であることも覚えておこう。ただ，この冠詞はよくつかう。ふつうは目に見えない耳に聞こえてこない冠詞であるから気づかないでいる人が多いようだが，きわめて**重要な冠詞**であることを記しておきたい。

無冠詞「少ない数」

　「わたし，りんご，だ〜い好き」
を英語でいうと，
　"I like apples (very much)."
なのだが，なぜ，**無冠詞**をつかうのだろう。これも同じ。「**りんごの数はどうでもよい。とにかく好き**」なのである。「①**少なくてよい数，多いとは限らない**」という意味の無冠詞といってよいだろう。

　　　　　　昔，ある大学で冠詞について講演をしたときのことである。すばらしい質問に出合った。
　　　　「わたしは犬が大好きなんです。犬だったら

どんな犬でも大好きです。無冠詞の犬なら、すべての犬にならないわけでしょ。わたしのように、どんな犬でも大好きというのを英語で何といえばよいのですか」

いつも私はこういう質問を待っているのである。

ようするに、あのときの質問の主旨はこういうことなのである。**無冠詞**（＝表Ⅱ）の、

"I like dogs."

よりも、むしろ、（くわしくは後でのべるが）**定冠詞**（＝表Ⅲ）の、

"I like *the dogs*."

ではないのか、ということである。

そこで私は、

「どんな犬でも大好きという気持ちはわかります。でも、それは気持ちの問題であって、よくよく考えてみてください。本当にどんな犬でも大好きですか。キャンキャンほえてやかましい犬。野生化した野良犬。おそらく、どうしても好きになれない犬がいるでしょう。

男性ならどんな男性でも好きという人がいるとしましょう。そういう女性にも、どうしても好きになれない男性がいるはずです。

気持ちの上で何かが好きというときの数と，論理的な数意識の上にたって好きというときの数には開きがあるわけです。**気持ちの上では表の（Ⅲ）であることはよくわかります。でも，論理的には表の（Ⅱ）であるわけです**」
と説明しておいたのであるが，この質問はあらゆる機会でとりあげさせていただいている。すばらしい質問であった（43〜44ペ-ジ参照）。

☺無冠詞「少ない数」。納得いくまで考える。これがコツ

「わたし，これ，分割で払わせていただいていいかしら」
は，

"May I pay for it in **installments**?"

と**無冠詞**をつかっていえばよいが，なぜ無冠詞？ もちろん，24回，36回，60回という「**多い数**」の分割を意味しているのかもしれない。**そこに無冠詞の不明確性があるのだが，逆に「①少なくてよい数，多いとは限らない」のである**。2回でも3回でも分割は分割だ。だから無冠詞をつかうのである。

☺無冠詞「少ない数」。考える習慣。これがコツ

これについて，さすがマーク・ピーターセン氏は『続・日本人の英語』（岩波新書）でうまく説明している。

「クモが足を痛がっている」とする。その「痛がっている

足の数」をどう表現すればよいだろう。

クモには8本足がある。一本しか足を持たないクモは存在しないから、（Ⅰ）は対象外として、大きく✕印をつけておこう。

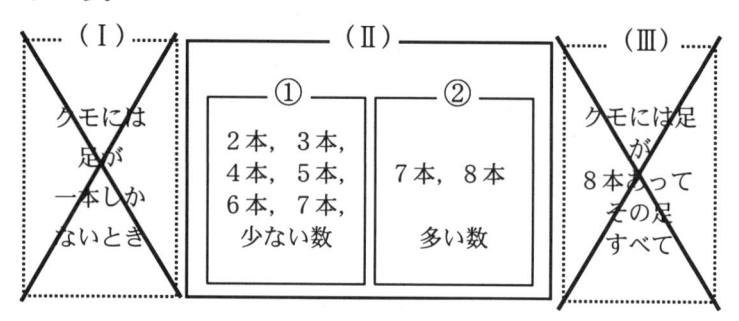

(Ⅰ)	(Ⅱ)		(Ⅲ)
	①	②	
クモには足が一本しかないとき	2本，3本，4本，5本，6本，7本，少ない数	7本，8本，多い数	クモには足が8本あってその足すべて

（Ⅰ）と（Ⅲ）には✕印

さて、ここで「日本語の勉強」をしてみよう。

ふつう日本語で「クモが足を痛がっている」といったときの「痛がっている足の数」だが、「8本すべて痛がっている」という意味だろうか。もしそうならば、「8本<u>とも</u>」「8本<u>ともすべて</u>」など、下線（＿）で示すような言葉をつけ加えるのではないだろうか。独断的かもしれないが、ここでは「8本<u>ともすべて</u>」という意味ではないと解釈して（Ⅲ）も除外し、これにも大きく✕印をつけておこう。

さて、**無冠詞**（Ⅱ）だけが残ってしまった。だから無冠詞をつかって、

"The spider has sore legs."

という。

では「痛がっている足の数」は何本になるだろう。

もちろん6本かもしれないし7本かもしれないが、ピータ

ーセン氏は「**3本かもしれないし，4本かもしれない**」と「**無冠詞＋複数形**」がもっている「**①少ない数**」の意味を説明しているのである。

　　　　　ただし，8に対して6や7は相対的に「**②多い数**」かもしれないが，6本であろうと7本であろうと，6や7はそれ自体では「**①少ない数**」でもある。

☺難^{なん}ある例でも例は例。克服する。これがコツ

ところで「なぜクモ？ クモの足が痛いって，どうしてわかるの？」なんて疑問に思って，肝心の無冠詞の意味がピンとこない人がいるかもしれない。だから少しだけ説明を加えておこう。

クモの足が痛いか痛くないかはピーターセン氏にだってわからないと思うよ。ここでピーターセン氏がいいたいのは**無冠詞**の「**①少ない数，少なくてよい数**」という意味だ。

りんごについて復習してみよう。りんごは世の中に（8個ではない）<u>無数ある</u>。だから，

　　"Give me apples."

と**無冠詞**をつかっただけでは「**①少ない数**」なのか「**②多い数**」なのか**不明確**だ。だからこそ，りんごの場合は "Give me **some** apples."といったほうが「**①少ない数**」がはっきりするかもしれない。しかし，**クモにはもともと<u>8本しか</u>足がないから，**

"The spider has **sore legs**."

という**無冠詞**は，あきらかに「**②多い数**」をいう無冠詞ではない。もともと8本というなかの無冠詞の数だから，わざわざ *some* をつかって，

"The spider has *some* sore legs."

という必要はないし，*some* をつかうと，むしろ，変チクリンな英語になってしまう。(クモを例にとったところに難点があるのかもしれないが) クモの足につかう無冠詞の意味は「**①少ない数**」である，というピーターセン氏の説明が理解できただろうか。

無冠詞「多い数」

「あ〜ら，ジョンじゃない。**久しぶりね**。どうしてた？」
を英語で，

"Hi, John. I haven't seen you in **ages**. How have you been?"

といったときの ages に注目しよう。**無冠詞**がつかわれている。無冠詞の数・量だから「何年も／何ケ月も／長い間（会ってないね）」という意味になる。つまり，この無冠詞は「**②多い数**」をさしているのだ。

「いなかの生活っていいだろうな。新鮮なくだものや野菜が**いっぱいあって**」

という文を英語でいってみよう。「いっぱい」という言葉にとらわれて many をつかわなくてもよい。

"Whenever I think of the joys of living in the country, I think of fresh fruits and vegetables."

と**無冠詞**をつかえば「いっぱい」の意味が表現できる（が，もしかしたら，この無冠詞「いっぱい」と考えてくれない人がいるかもね。ここにも無冠詞の不明確性がある）。

「火山が爆発して，すぐにあちこちが灰だらけになっちゃった」

の「だらけ」についても同じように**無冠詞で多い数**が表現できる。

"The volcano erupted, and soon everything was covered with ashes."

と「**無冠詞＋ashes**」で文をつくれば「灰だらけ」という意味をあらわすことができるのだ。

☺**無冠詞「多い数」。なぜ「職業」? 考えるのが冠詞の基本**

「父は画家です」

これを英語でいってみよう。

"My father paints pictures."

と**無冠詞**をつかう。なんてことはない。では，なぜ無冠詞をつかうのだろう。答えは簡単。画家は職業だから「②**多い数**」の絵を描くのである（100ページ参照）。

☺ 多くても「多い」をいわないから「職業＝画家」

ところで，ここからがおもしろい。「②多い数」の絵を描くからといって *many* や *a lot of* をつかって，

"My father paints *many* pictures."
"My father paints *a lot of* pictures."

というと，もはや画家ではない。つまり，*many* や *a lot of* をつかって「本当に数える（10 の数え方）」と，もはやプロとしての意味はなくなり，たんに「好きでたくさん絵を描いている」という意味になる。

"He paints pictures." だけが "He is a painter."

☺ 多くても「多い」をいわないから「職業＝詐欺師」

話は少しそれるが，ここで「あの人はよくうそをつく」を復習してみよう。

"He often tells lies."

と無冠詞をつかうと話したね（43 ページ参照）。なぜ無冠詞？「うそつき」という習性だからだ。

ただし，「本当のうそつき」（「うそつき」に「本当のうそつき」なんて，チョッとおかしいかな。まあいいや）なら，

"He tells lies." ……………………………………… ①

といって *always*, *usually*, *often* など頻度をあらわす副詞をつかわない。つまり，

"He is a liar."

の意味である。これ（①）が絶対に許せない「本当のうそつ

> "You are a liar." という言い方には気をつけろ！

き」，つまり**詐欺師**だ。

"He *often* tells lies."

なら *often* があるから，補語をつかっていうと，

"He is *quite a liar*."

というところかな。だから *often* があるほうが詐欺師という職業をさすところまでいかないから，同じ「うそつき」という習性でも少しは許せるのかもね。

さて，lies という「無冠詞＋lies」をやめて *many* や *a lot of* をつかってみると，どうなるだろう。

"He tells *many* lies."

"He tells *a lot of* lies."

これも詐欺師という職業まではいかない。つまり，*many* や *a lot of* をつかって「本当に数える（10の数え方）」と，もはやプロとしての意味はなくなり，たんに「数多くうそをつく人」という意味でしかなくなる。まあ，これも，

"He is *quite a liar*."

というところかな。だからといって（どれにしたって）あまり人のことを「うそつき」とか何とかよばないほうがよいかもね。

不定冠詞と無冠詞を使い分けよう

"I like an apple." ①

"I like apples." ②

という肯定文と，

"I don't like an apple." ③

"I don't like apples." ④

という否定文について，それぞれどう違うか考えてみよう。

まず①と②の文について，①の文は「**不定冠詞**のりんごが好き」，②の文は「**無冠詞**のりんごが好き」といっている。つまり，こういうことなんだ。

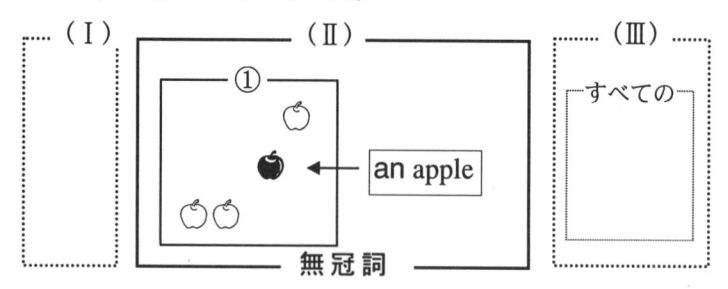

いくつでもよいが，りんごが4個あるとしよう。「そのうちのどれでもよいから一つ」というのが**不定冠詞**の文（①）の意味だったね。つまり，4個あるりんごのうち「（わたしたち2人称あるいは3人称にはどれかわからないが，どれか）一個好きなりんごがある」というのが①の文の意味だ。左から3個目のりんごにしておこう（矢印←）。

☺不定冠詞は定冠詞で受けて展開＝超級者への道

$$a\ (an)\ \sim\ \Longrightarrow\ the\ \sim$$

ただし，そのときは，かならず，あとでその不定冠詞を定冠詞で受けて，たとえば，

"**The** third apple from the bottom."

とか，

"**The** one that doesn't look very ripe."

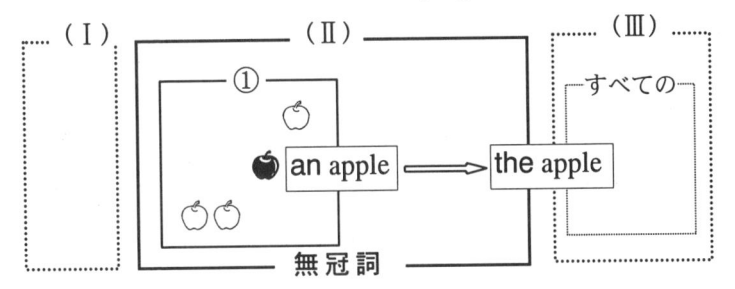

と説明しなければならない。不定冠詞のままほおっておくと，どのりんごなのかわからなくなってしまう。

☺不定冠詞は定冠詞で受けて展開＝超級者への道

さて，このことは否定文，

"I don't like **an** apple." ……………………… ③

についても同じことがいえる。①の文との違いは，肯定文が否定文になっただけのことである。

いくつでもよいが，りんごが４個あるとしよう。「**そのうちのどれでもよいから一つ**」というのが**不定冠詞**の文(③)の

意味である。つまり，4個あるりんごのうち「(わたしたち2人称あるいは3人称にはどれかわからないが)どれか一個きらいなりんごがある」というのが，③の文の意味だ。左から3個目のりんごにしておこう。

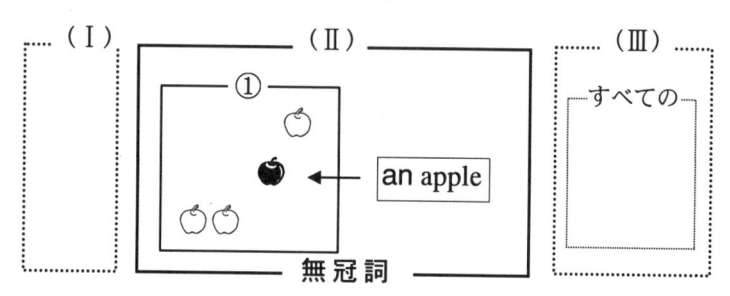

```
......(Ⅰ)          (Ⅱ)                      ......(Ⅲ)
                ┌──────────────────┐        :すべての:
                │  ①        🍎     │        :        :
                │       🍎  ← an apple │    :        :
                │   🍎🍎             │        :        :
                └──────無冠詞──────┘        :........:
```

ただし，そのときは，かならず，あとでその不定冠詞を定冠詞で受けて説明あるいは展開しなければならない。不定冠詞のままほおっておくと，どのりんごなのか，わからなくなってしまう。

> ただし，「定冠詞の説明および展開」については，2の数え方（定冠詞），7の数え方（定冠詞），12の数え方（定冠詞）のところで詳しく説明することにしよう。

☺表Ⅲの一部が表Ⅱ。この関係を理解するのがコツ

さて，②と④の文（無冠詞）について，もうわかっていただいているとは思うが簡単に説明しておこう。

もともと（Ⅱ）の表というのは（Ⅲ）の表の中の一部である。たとえば（Ⅱ）の表にりんごが4個あると考えた場合，

それは（Ⅲ）の表の中の4個という意味である。その4個が好き（②の文）であったり，嫌い（④の文）であったりするときに，

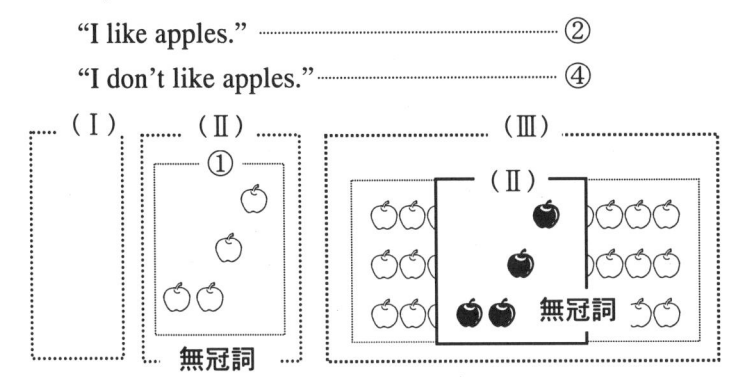

 "I like apples." ——————————————— ②
 "I don't like apples." ————————————— ④

と6の数え方（無冠詞＋apples）でいう。ただそれだけのことなんだ。わかった？　簡単でしょ。

　しばらく休憩していなかったね。ここでしばらく休憩しよう。

無冠詞と冠詞の省略

　さて，私はいま深い罪悪感にさいなまれている。多くの人にあやまらなければならないことがあるからだ。本書を機会に謝罪したい。どうかお許し願いたい。
　さて，何をあやまりたいかというと次のことである。

> 昔，まず，
>   "This is a book."
> という単数形をならい，次に，
>   "These are books."
> という複数形をならった。前者は「不定冠詞＋単数形」，後者は「無冠詞＋複数形」である。ここでは後者「無冠詞＋複数形」について考えてみたい。These are books.（無冠詞＋複数形）という文にある本の数は，2冊でも3冊でも4冊でもよい。たんに，「ここにある本は複数の数の本である」といっているにすぎない。

と別の本で書いたことがあるが，これはまちがっている。これを機会に，どうか許していただきたいと思うのである。

> 言い訳するわけじゃないんだけれど，偉そうにあれやこれやいってみても，やっぱり私は英語からみれば外国人なんだ。だからこそ，毎日まいにち必死になって勉強しているわけなんだけれど，それでもやっぱりいろいろ知らないことだらけ。だからこそ，よけいに必死になって勉強してるんだけど……。

   "This is a book." ……………………………………… ①
という文にたいして，

   "These are books." …………………………………… ②
の説明がまちがっている。ちょっとややこしいかもしれないが，つまり，こういうことなんだ。

Unit 1 不定冠詞・無冠詞をつけて数える数え方   *61*

  "Jane and Cathy are sisters." ──────── ③
という文章を考えてみよう。
 ②も③もそれぞれ「*無冠詞状態*＋books」,「*無冠詞状態*＋sisters」になっている。それはなぜか？ ここがまちがっていたのである。ごめんなさい！

☺英語の足し算。やってみよう

 それぞれについて「*無冠詞状態*」という言葉をつかったが,じつは**冠詞の省略**なのである。それを説明しておこう。
  Jane is a sister. ─────────────── ④
  Cathy is a sister. ────────────── ⑤
という文はそれぞれ**不定冠詞**で成立する（①）。そこで④＋⑤という計算をしてみよう。

```
④＋⑤        Jane is a sister.
         ＋) Cathy is a sister.
```

どういう答えになるだろうか。
 問題は Jane という人と Cathy という人との関係である。Jane と Cathy が別家族の**他人同士**という関係であれば,
  Jane and Cathy are *two sisters*. ──────── ⑥

```
④＋⑤＝⑥      Jane is a sister.
          ＋) Cathy is a sister.
          Jane and Cathy are two sisters.
```

という"文"になるが, Jane と Cathy が**同じ家族の姉妹**という関係である場合には,

Jane and Cathy are sisters. ·········· ③

```
④+⑤=③      Jane is a sister.
           +) Cathy is a sister.
          Jane and Cathy are sisters.
```

という文になる。ただし，⑥は計算上の"文"であって，通常，この種の文章は考えられない。

☺要するに相互の関係（つまり，対句関係）であることを考える

別の文でふたたび考えてみよう。

　　Jane is a friend. ·········· ⑦
　　Cathy is a friend. ·········· ⑧

という文はそれぞれ**不定冠詞**で成立する（①）。そこで⑦＋⑧ という計算をしてみよう。

```
⑦+⑧         Jane is a friend.
           +) Cathy is a friend.
```

どういう答えになるだろうか。

　問題は Jane という人と Cathy という人の関係である。Jane と Cathy が**他人同士**という関係，つまり友人同士ではないという関係の場合，

Jane and Cathy are *two friends*. ·········· ⑨

```
⑦+⑧=⑨       Jane is a friend.
           +) Cathy is a friend.
          Jane and Cathy are two friends.
```

という"文"になるが，Jane と Cathy が**友人関係**である場合

には,

 Jane and Cathy are friends. ⋯⋯⋯⋯⋯⋯⋯⋯⋯⋯⋯⋯⋯ ⑩

> ⑦+⑧=⑩   Jane is a friend.
>   +) Cathy is a friend.
>   Jane and Cathy are friends.

という文になる。ただし,⑨は計算上の"文"であって,通常,この種の文章は考えられない。

☺相互の関係(つまり,対句関係)であることを考える

そこで,

 This is a book. ⋯⋯⋯⋯⋯⋯⋯⋯⋯⋯⋯⋯⋯⋯⋯⋯⋯⋯⋯⋯⋯ ①

 This is a book. ⋯⋯⋯⋯⋯⋯⋯⋯⋯⋯⋯⋯⋯⋯⋯⋯⋯⋯⋯⋯⋯ ①

という二つの文章(①と①)について考えてみよう。ただし,それぞれの指示代名詞(This)が指す本は別の本だと考える。

①+①を計算してみよう。

>   ①+①   This is a book.
>   +) This is a book.

どういう答えになるだろうか。

問題は This (book) と This (book) との間に存在する関

>   This is a book.
>   +) This is a book.
>   These are *two books*.

係である。**本同士**(って変な日本語だけど)**でない場合,**

 These are *two books*.

という"文"になるが，こういう"文"はありえない。This (book) と This (book) が本同士の関係ではないということは考えられないからである。

　This (book) と This (book) は，つねに**本同士である**という関係にかわりはない。だから，

　These are books. ──────────────── ②

```
         This is a book.
      +) This is a book.
         These are books.
```

という文が成立するのであって，These are *two books*.という"文"は成立しないのである。

☺対句は「冠詞の省略」

　そこで，

　　"These are books." ──────────────── ②
　　"Jane and Cathy are sisters." ──────────── ③
　　"Jane and Cathy are friends." ──────────── ⑩

について考えてみよう。それぞれ*無冠詞状態*になっている。*無冠詞状態*になっているからといって，無冠詞がつかわれているのではない。②も③も⑩も英語の数意識とは関係のない思考で成立している文であるからだ。

　では，この*無冠詞状態*とは一体何なんだろう。**冠詞の省略**にすぎない。では，なぜ**冠詞の省略**なのだろうか。これについては各種文法書でくわしく説明がなされているので，ここ

では簡単に説明しておこう。

☺対句が「冠詞の省略」である理由

```
            Jane is a sister.
        +)  Cathy is a sister.
```

"Jane is a sister."+"Cathy is a sister."
について，別家族の**他人同士**であるという関係の場合には

Jane and Cathy are *a* sister and *a* sister.

```
            Jane is a sister.
        +)  Cathy is a sister.
     Jane and Cathy are a sister and a sister.
```

であるが，同じ家族の**姉妹同士**であるという関係の場合には，
それぞれ**不定冠詞（a）を省略**して，

Jane and Cathy are *sister and sister*.

```
            Jane is a sister.
        +)  Cathy is a sister.
     Jane and Cathy are sister and sister.
```

となる。しかし，husband and wife という人間関係が成立
したときのように単語がまったく別である場合をのぞいて，
同じ単語がつづく場合にはそれを一つにまとめる。ここでは
sisters という複数の単語にまとめて，

Jane and Cathy are sisters. ……………………… ③

```
            Jane is a sister.
        +)  Cathy is a sister.
        Jane and Cathy are sisters.
```

という。つまり，**不定冠詞を省略している**のである。

◎対句が「冠詞の省略」である理由

もうおわかりいただいたであろうか。

"Jane is a friend."＋"Cathy is a friend."

```
            Jane is a friend.
       +)   Cathy is a friend.
```

についても同じこと。Jane と Cathy の二人はまだ**友人同士ではない**かもしれない。そういう場合には，

Jane and Cathy are *a* friend and *a* friend.

```
            Jane is a friend.
       +)   Cathy is a friend.
    Jane and Cathy are a friend and a friend.
```

という"文"は計算上成立しても，それは計算上の"文"であって，ふつうは否定文をつかって，Jane and Cathy are not friends（yet）．としかいわないのである。

それにたいして，Jane と Cathy が**友人関係である**場合には，**不定冠詞を省略して**，

Jane and Cathy are *friend and friend*.

```
            Jane is a friend.
       +)   Cathy is a friend.
    Jane and Cathy are friend and friend.
```

となる。しかし，**teacher and student** という人間関係が成立したときのように単語がまったく別である場合をのぞい

て，同じ単語がつづく場合にはそれを一つにまとめる。ここでは friends という複数の単語にまとめて，

Jane and Cathy are friends. ……………………………… ⑩

```
            Jane is a friend.
      +)    Cathy is a friend.
      Jane and Cathy are friends.
```

という。つまり，**不定冠詞を省略**しているのである。

☺「冠詞の省略」になる経過をまとめてみよう

だらだらきてしまったけれど，もうわかった？ そういうことで，These are books.という文は，もともと These are *a* book and *a* book. が These are book and book となって，この時点で**不定冠詞が省略**されていることになり，この *book and book* を一つにまとめて books となり，These are books. という文が成立しているのである。

あ～，やっとたどりついたね。では，ここでまた一休みすることにしよう。

休憩時間に申し訳ないのだが，いまここでだ～らだらとお話ししてきたこと重要なんだよ。本書の主題である**英語の数意識**とは関係ないけれど，手持ちの文法書をひらいて「**冠詞の省略**」というところをしっかり復習しておいていただきたい。いろいろ例をだして，くわしく解説してあるから。また，しつこいようだけど「**冠**

詞の省略」をかならず復習しておいてください
ね。

「一個目」「二個目」が，なぜ不定冠詞

さて，ここでふたたび1の数え方（不定冠詞）にもどっていろいろ考えてみることにしよう。

もうわかっていただいていると思うが，**不定冠詞と無冠詞は親戚**のようなものである。同じ（II）の表の中で論じていく冠詞だからである。

では，はじめよう。このあたりから定冠詞を少しずつ深く考えていくことにする。

☺基本を守るのがプロへの道

中学校でまず習う定冠詞といえば不定冠詞を受けてくる定冠詞である。いわゆる「その」という定冠詞である。これはわかるね。それはそれとして，

> a (an) 〜 ⟹ the 〜

「**不定冠詞のまま話を終せてはならない**」
という不定冠詞についての**基本的姿勢**である。本書は，英語の論理的展開法（logical development/progression）を考えるものではないので，これについてはくわしく言及しないが，

「不定冠詞とは，不定冠詞のまま段落を終える冠詞ではない」

ということだけはしっかり肝に命じておいていただきたいのである。

☺「一個目のりんご」は定冠詞？ 不定冠詞？ なぜ？

さて，ここにりんごが4個あると仮定しよう。ほかにもたくさんある中の4個であるから，（Ⅱ）の表に入っているりんごのことである。

そこで，この4個のりんごの中から，どれか一つ選んでいただきたいのである。つまり，「一個目」のりんごを選んでいただきたいのである。「一個目」として選ぶりんごをどれにする？ さて，ここのところが重要だ。

「一個目」のりんごとして選ぶときに選択対象となるりんごはいくつある？ 4個だよね。つまり，4個のうち，

「一個目となり得るりんごは複数ある」

ということなんだけど，わかるね。そりゃあ，そうだよ。合計で4個あるんだから。そのうち「一個目」のりんごとして選ぶりんごをどれにするかを考えているだけのことなんだ。

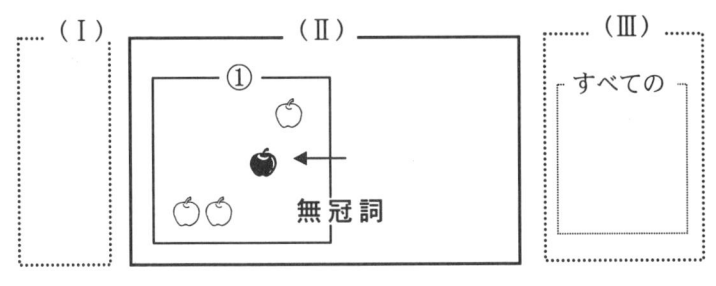

さて、どれにしよう。ようするに、どのりんごでもいいわけだ。むずかしくいうと「**任意の**」りんごを一個目のりんごとして選べばよいわけだ。どれにする？ 左から3つ目のりんごにしておこうか（前ページの矢印 ←）。ただし（ここが重要だ）、ただしだよ、「左から3つ目のりんごにしようかな」と考えているだけのことで、まだ3つ目のりんごを「一個目」のりんごとして選んだというわけではない。ただ考えているだけのことなんだ。つまり、

　「一個目のりんごとなり得る候補は4個ある。その4個のうちこれにしようかと考えているのが左から3つ目のりんご」

なんだけど、わかってくれる？ 語彙力がないから、どうもうまく説明できないんだよね。

　そこでだ。そのりんご（矢印 ←）のことを**不定冠詞**で a first apple という。なぜ不定冠詞なんだろう。

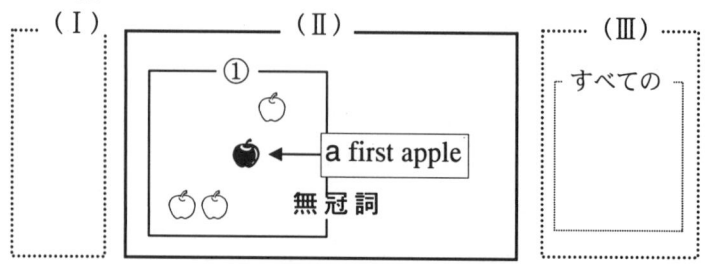

「不定冠詞は、次にくる名詞（句）が複数ある」
という意味だったね。ほら、「一個目」のりんごになり得るりんごがほかにも3個あるでしょう。だから不定冠詞なのである。よろしいですか？ ただし、段落で展開する場合、こ

こで終わってはいけないよ。その不定冠詞を定冠詞で受けて展開するのである。

次にいこう。

☺「二個目のりんご」は定冠詞？ 不定冠詞？ なぜ？

「一個目」のりんごを選んでしまったとしよう。すると残りはいくつある？ 3個にきまっている。その3個の中から

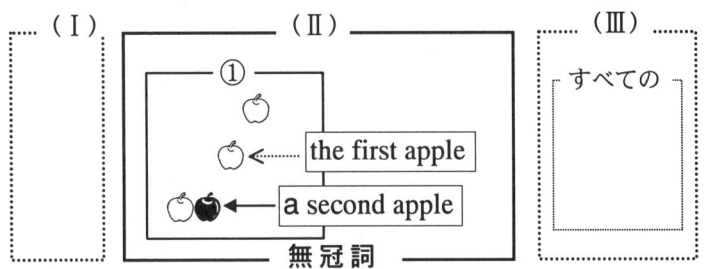

```
...(Ⅰ)...  ┌──(Ⅱ)──┐  ...(Ⅲ)...
           │    ①    │
           │    🍎    │    ┌すべての┐
           │ 🍎 ←── the first apple │
           │ 🍎● ←── a second apple │
           └─── 無冠詞 ───┘
```

「二個目」のりんごを選んでみよう。どれにする？ ただし、まだ選んではいないんだよ。考えているだけのことなんだ。左から二個目のりんごにしておこうか。これを**不定冠詞**で a second apple（矢印 ←──）という。なぜ不定冠詞なんだろう。簡単なことだよ。自分で考えてみて。

また次にいこう。

☺「三個目のりんご」は定冠詞？ 不定冠詞？ なぜ？

「二個目」のりんごを選んでしまったとする。そこで、「3個目」のりんごを選んでみよう。いくつ残っている？ 残りは二個にきまっている。その中から「3個目」のりんごを選

ぼうというのである。どれにしようか。いちばん右のりんご

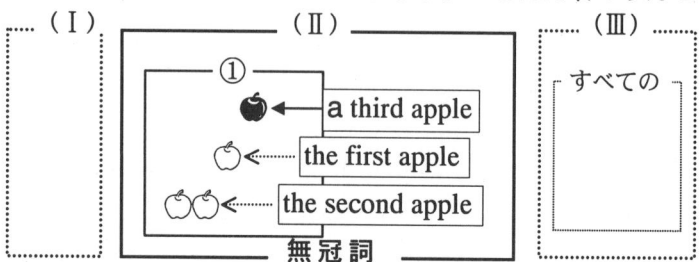

```
...(Ⅰ)...  ┌──(Ⅱ)──────────────┐  ...(Ⅲ)...
:       :  │    ①                │  : すべての :
:       :  │    🍎◀── a third apple │  :       :
:       :  │   🍎◀── the first apple │  :       :
:       :  │  🍎🍎◀── the second apple│  :       :
:       :  └──────無冠詞──────────┘  :       :
:.......:                            :.......:
```

にしておこうか。そのりんごのことを**不定冠詞**で a third apple（矢印 ◀──）という。なぜ不定冠詞なのか，これも自分で考えてみて。

複数でも，なぜ不定冠詞

そ れでは，また次にいこう。
　いまここにりんごが8個あると仮定する。それを二個ずつ分けることにしよう。

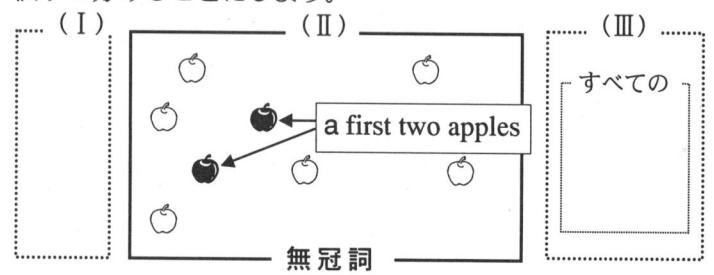

```
...(Ⅰ)...  ┌──(Ⅱ)──────────────┐  ...(Ⅲ)...
:       :  │  🍎       🍎         │  : すべての :
:       :  │   🍎◀── a first two apples│  :       :
:       :  │    🍎◀──             │  :       :
:       :  │  🍎       🍎         │  :       :
:       :  └──────無冠詞──────────┘  :       :
:.......:                            :.......:
```

どれでもよいから「最初の二個」選んでみて。どれを「最初の二個」にする？　あれ（◀──）とあれ（◀──）にしよう

Unit 1 不定冠詞・無冠詞をつけて数える数え方　73

か。でもまだ選んでいないんだよ。ただ考えているだけなんだ。そういう二個のことを**不定冠詞**で a first two apples という。なぜ不定冠詞なの？　考えてみて。

次にいこう。

☺**二回目の「二個」は定冠詞？　不定冠詞？　なぜ？**

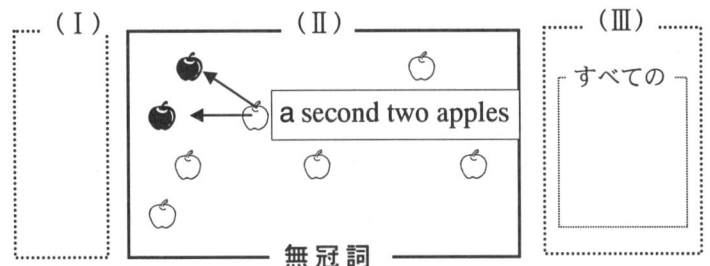

（Ⅰ）　　　　　（Ⅱ）　　　　　　　　　　（Ⅲ）
　　　　　　　　　　　　　　　　　　　　すべての
　　　　　a second two apples
　　　　　　　　　　　　　　　　　　　　
　　　　　　　　無冠詞

「最初の二個」を選んでしまったとする。そこで，「二回目の二個」を選んでみよう。どれにする？　あれ（⬉）とあれ（←）にしようか。でもまだ選んでいないんだよ。ただ考えているだけなんだ。そういう二個のことを**不定冠詞**で a second two apples という。なぜ不定冠詞なの？　考えてみて。

次にいこう。

☺**三回目の「二個」は定冠詞？　不定冠詞？　なぜ？**

「二回目の二個」を選んでしまったとする。そこで，「3回目の二個」を選んでみよう。どれにする？　あれ（↑）とあれ（←）にしようか。でもまだ選んでいないんだよ。ただ考えているだけなんだ。そういう二個のことを**不定冠詞**で a

74   英語は冠詞だ

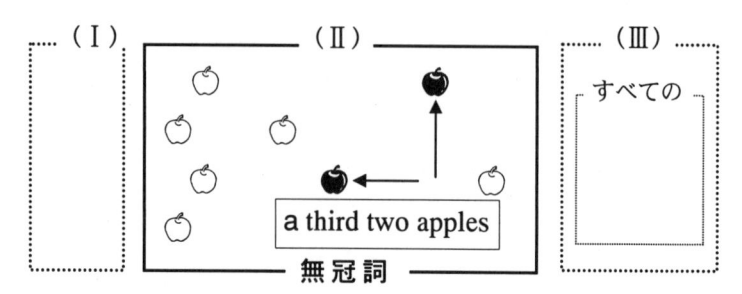

（Ⅰ）　　（Ⅱ）　　（Ⅲ）
　　　　　　　　　　　すべての

a third two apples

無冠詞

third two apples という。なぜ不定冠詞なの？　考えてみて。

UNIT 2　定冠詞をつけて数える数え方

定冠詞を考えよう

そ れでは，また次にいこう。
「一個目」のりんごを選んでしまった。そのりんごのことを何という？

```
a (an) ～ ⟹ the ～
```

不定冠詞を定冠詞で受けて the first apple という。当たり前のことだよね。なんてことはない。

さて，ここで考えよう。

☺表Ⅰ誕生の仕組みを知るのがコツ

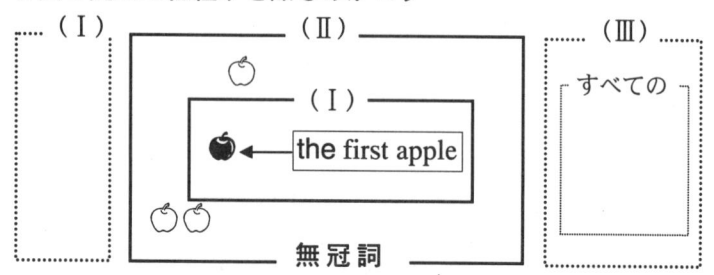

```
..... (Ⅰ) .....   ┌─── (Ⅱ) ───┐   ..... (Ⅲ) .....
                  │      🍎      │   │             │
                  │   ┌─(Ⅰ)─┐   │   │  すべての    │
                  │   │🍎 ← the first apple│
                  │   └─────┘   │   │             │
                  │    🍎🍎     │   │             │
                  └── 無冠詞 ──┘   │             │
```

　「一個目」のりんごを選んでしまったわけだけど,そのりんごはいくつある? わかりきったことでも数を数える。これが数意識の基本である。

　一個にきまっている。ここが重要! ここで表の(Ⅰ)ができるというところが重要なのだ。つまり,**(Ⅰ)の表とは,2の数え方(定冠詞＋単数形)でつかう表**なのである。

☺表Ⅲ誕生の仕組みを知るのがコツ

　「最初の二個」のりんごを選んでしまった。そのりんごのことを何という?

　不定冠詞を**定冠詞**で受けて the first two apples という。当たり前のことだよね。なんてことはない。

```
a (an) ～  ⟹  the ～
```

　さて,ここでまた考えよう。

　「最初の二個」を選んでしまったわけだけど,そのりんごはいくつある? わかりきったことでも数を数える。これが数意識の基本である。

```
....(Ⅰ).... ┌─────(Ⅱ)─────┐ ....(Ⅲ)....
             │  🍎    🍎   │   ┌すべての┐
             │ ┌──(Ⅲ)──┐ │   │       │
             │🍎│🍎         │ │   │       │
             │  │🍎← the first two apples│
             │  └──────────┘ │   │       │
             │ 🍎            │   │       │
             │     無冠詞    │   └───────┘
             └───────────────┘
```

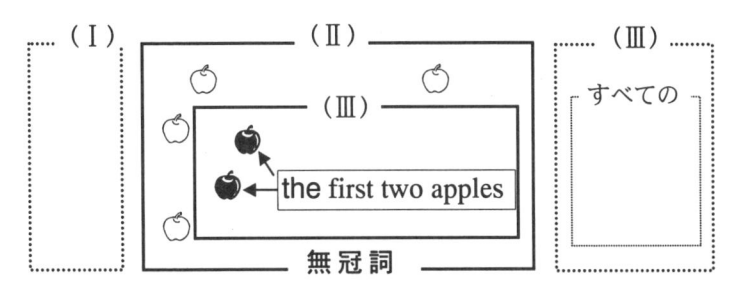

二個にきまっている。ここが重要！ ここで表の(Ⅲ)ができるというところが重要なのだ。つまり，(Ⅲ)の表とは，7の数え方（**定冠詞＋複数形**）でつかう表なのである。

☺定冠詞の概念をきちんと把握しておくのがコツ

ここからいよいよ定冠詞を考えていくことにしよう。

定冠詞とは，

―――――――― 定冠詞 ――――――――

定冠詞は，筆者と読者，話者と聴者の間で明確なものについて用いる

―――――――― 定冠詞 ――――――――

定冠詞があらわす数・量は、次にくる名詞が可算名詞の単数形なら単数(すべて)，複数形なら複数すべて，不可算名詞ならその名詞の数・量すべてである

「定冠詞は，筆者と読者，話者と聴者の間で<u>明確なもの</u>について用いる」

つまり，「第3者（3人称）は関係なく，自分（1人称）と相手（2人称）の間で**明確なものについてつかう**」というのが基本的な姿勢である。

この基本的な姿勢から定冠詞の「**意味**」を考えてみよう。

「定冠詞があらわす数・量は，次にくる名詞が可算名詞の単数形なら<u>単数（すべて）</u>，複数形なら<u>複数すべて</u>，不可算名詞なら<u>その名詞の数・量すべて</u>である」

これはたいへん大切な概念である。しっかり覚えていただきたい。

定冠詞は「すべて」という意味

日本語には冠詞がないから楽だよね。いちいち細かいことを考えなくってすむから。

でもね，逆に考えると冠詞があるから英語は理解しやすいんだ。そしてまた，相手の人にも理解してもらいやすくなるんだ。だから，

「英語は国際語だ」

って前にもお話ししたよね。とくに，定冠詞が出てくると，だんだんややこしくなってくる。頭が痛くなってきたら休憩していいんだよ。急ぐことはない。考えながら，ゆっくりゆ

☺復習を怠らないのが超級者への道

```
(Ⅰ)            (Ⅱ)                    (Ⅲ)
                  🍎                   ┌ すべての ┐
 🍎        ┌──(Ⅰ)──────┐              │         │
定冠詞     │ 🍎 ← the first apple │              │         │
          │  🍎 🍎      │              │         │
           └─────────────┘              └─────────┘
              無冠詞
```

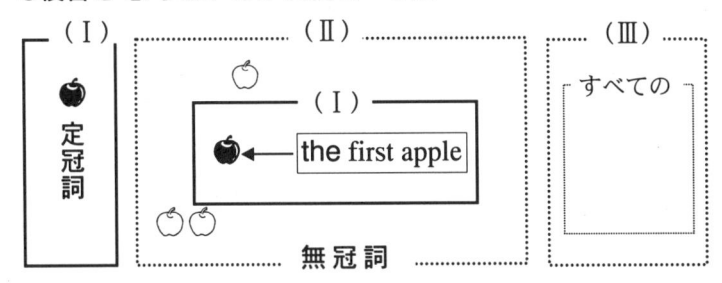

まず復習しておこう。

「一個目」のりんごを選んでしまったのであるから，そのりんごの数は一個という明確な数である。筆者と読者，話者と聴者の間で**明確な一個**という数である。表の（Ⅱ）の中の一個ではない。それなら不定冠詞だ。不定冠詞であつかう一個とはわけがちがう。**定冠詞の一個**なのである。表の（Ⅰ）ではそういう一個をあつかうのである。

次にいこう。

☺復習を怠らないのが超級者への道

```
(Ⅰ)            (Ⅱ)                    (Ⅲ)
                🍎        🍎
          ┌──(Ⅲ)──────┐
     🍎   │ 🍎 ← the first two apples │   🍎
          │ 🍎                        │   すべての
          │  🍎                       │
           └─────────────┘
              無冠詞                      定冠詞
```

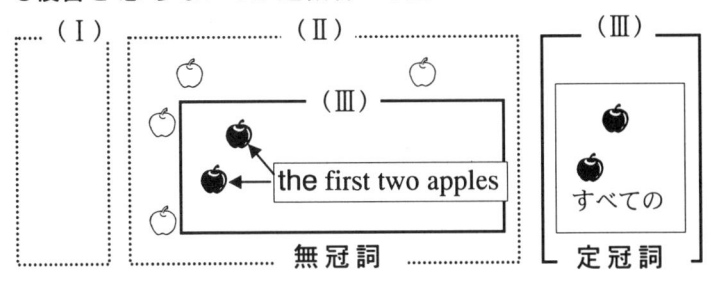

「最初の二個」のりんごを選んでしまったのであるから，そのりんごの数は二個という明確な数である。筆者と読者，話者と聴者の間で**明確な二個**という数である。表の（Ⅱ）の中の二個ではない。それなら不定冠詞だ。あるいは無冠詞の **apples** でよい。不定冠詞であつかう二個，あるいは無冠詞であつかう複数とはわけがちがう。**定冠詞であつかう二個**なのである。表の（Ⅲ）ではそういう二個あるいは複数をあつかうのである。

☺表Ⅰ・表Ⅲの共通点きちんと把握しておくのが超級者への道

ところで，表の（Ⅰ）にはりんごがいくつある？　一個にきまっているよね。そこで，一個のうちのすべてというと何個のりんごになる？　一個のうちの**すべて**は一個にきまっている。当たり前のことだけど，これが重要なんだ。

表の（Ⅲ）には現在りんごがいくつある？　二個にきまっているよね。そこで，二個のうちのすべてというと何個のりんごになる？　二個のうちの**すべて**は二個にきまっている。当たり前のことだけど，これが重要なんだ。

つまり，表の（Ⅰ）も表の（Ⅲ）も，**すべての数(量)**をあらわしているということなのである。つまり，

「**ほかにはない**」

「**すべて**」

という意味である。これ重要なんだよ。定冠詞を乱用する人が多い。それは「**すべて**」という数の概念に気づいていないところに原因があるようだ。

定冠詞がもつ概念と定冠詞の種類

定冠詞をだんだん深く考えていこう。
　定冠詞は「すべて」という意味だとお話ししたが，これには表の（Ⅰ），表の（Ⅲ）のいずれについても3つずつ「すべて」という概念がある。ややこしいね。ごめんなさい。

☺**定冠詞をつかう条件。きちんと整理整頓，超級者**

　まず，表の（Ⅰ）でつかう定冠詞（2の数え方）について考えてみよう。

　「絶対的な一個」

　「筆者と読者，話者と聴者の間で明確な一個」

　「筆者と読者，話者と聴者の間で不明確な一個」

表Ⅰでつかう定冠詞（定冠詞＋単数形＝2の数え方）
　1．絶対的な一個
　2．筆者と読者，話者と聴者の間で明確な一個
　3．筆者と読者，話者と聴者の間で不明確な一個

という3つの概念である。

　次に，表の（Ⅲ）でつかう定冠詞（7の数え方）について考えてみよう。

　「絶対的な複数」

　「筆者と読者，話者と聴者の間で明確な複数」

「筆者と読者，話者と聴者の間で不明確な複数」

> 表Ⅲでつかう定冠詞（定冠詞＋複数形＝7の数え方）
> 1. 絶対的な複数
> 2. 筆者と読者，話者と聴者の間で明確な複数
> 3. 筆者と読者，話者と聴者の間で不明確な複数

という3つの概念である。

☺定冠詞の種類。きちんと整理整頓，超級者

さらに，表の（Ⅰ），表の（Ⅲ）のいずれについても3種類ずつ定冠詞がある。これも一気に解説しておこう。決してややこしいことはないのですが，ややこしそうでごめんなさい。

> **定冠詞の種類**
> ① 説明しなくてよい定冠詞
> ② 説明しなければならない定冠詞
> ③ 説明してあげたほうが親切な定冠詞

それは，

「説明しなくてよい定冠詞」

「説明しなければならない定冠詞」

「説明してあげたほうが親切な定冠詞」

の3種類である。これをそれぞれ定冠詞の概念とむすびつけて考えていくことにしよう。

☺一つひとつ，きちんと整理整頓，超級者

まず，表の（Ⅰ）であつかう「**絶対的な一個**」を考えてみよう。

表Ⅰでつかう定冠詞（定冠詞＋単数形＝2の数え方）
　1．絶対的な一個　＝　①説明しなくてよい定冠詞

それぞれについて考えていこう。

宇宙には galaxies が無数にある。そのうち，私たちの太陽系をふくむ galaxy が the Milky Way とよばれる galaxy なのである。まあ，これは固有名詞化しているが，「**絶対的な一個**」の例である。この定冠詞は「**説明しなくてよい定冠詞**」である。

The Milky Way とよばれる galaxy の中には無数に suns がある。そのうち，私たちの太陽系には sun は一つしかないから the sun（**絶対的な一個**）である。しかし，the Milky Way 全体からみればかならずしも the sun（絶対的な一個）とはよべない。が，まあ，ふつう私たちの生活の中ではそんなところまで考えないから the sun（**絶対的な一個＝説明しなくてよい定冠詞**）でよいだろう。しかし，論文などの内容によってはそこまで数を考えながら展開しなければならない。

太陽系（the solar system）の中には planets が9つある。Planets を中心にまわる天体を moons というが，地球には moon が一つしかない。だから定冠詞で the moon（**絶対的な一個**）という。しかし，木星にもいくつか moons がある

というから，地球をまわる moon は絶対的な一個として the moon とはよべないのかもしれない。でも，まあ，私たちの日常生活ではそんなところまで考えなくてもよいから the moon（**絶対的な一個＝説明しなくてよい定冠詞**）でよいだろう。

　第二次世界大戦は一つしかなかった。だから，the Second World War（**絶対的な一個＝説明しなくてよい定冠詞**）である。

☺**例がない例。それでも一応(いちおう)整理整頓しておくのが超級者**

　次に，表の（Ⅲ）であつかう「**絶対的な複数**」について考えてみる。

```
表Ⅲでつかう定冠詞（定冠詞＋複数形＝７の数え方）
　1. 絶対的な複数 ＝ ①説明しなくてよい定冠詞
```

　これは問題だ。なぜかというと，それは例が思いつかないからである。「絶対的な複数」という複数はあるのかもしれないが，思いうかばない。ごめんなさい。

☺**「明確な一個」。整理整頓，超級者**

　次に，（前後するが）「**筆者と読者，話者と聴者の間で明確な一個**」について考えてみよう。

```
表Ⅰでつかう定冠詞（定冠詞＋単数形＝２の数え方）
　2. 明確な一個 ＝ ①説明しなくてよい定冠詞
```

「お父さんはどこにいるの？」

「居間にいるわよ」

という会話があったとして，これを英語でいうと，

　A: Where's Dad?

　B: He's in the living room.

という。居間が「**一つ**」しかないからだ。

「お父さんはどこにいるの？」

「ガレージよ」

　A: Where's Dad?

　B: He's in the garage.

についても，ガレージが「**一つ**」しかないから定冠詞をつかう。両者の間では「**明確な一個＝説明しなくてよい定冠詞**」なのである。

> ここで「一つ」という数について，チョッとおかしいと思われる読者がいるだろう。居間が二つある家がある。ガレージが複数ある家もある。そんな家について冠詞はどうなるの？という疑問である。しかしそれは読者（第3者）からみたときの複数であり疑問にすぎない。会話をする二人の間では（その特殊な）環境や状況（context）から，**はっきり「一つ」**なのである。

☺「明確な一個」かもしれないが，定冠詞……

ただし，こういう場合もある。

86　英語は冠詞だ

表Ⅰでつかう定冠詞（定冠詞＋単数形＝2の数え方）
　2．明確な一個　＝　③説明してあげたほうが親切な定冠詞

「どちらまでお出かけ？」
「空港まで」
「どうして？」
「友だちを見送りにね」

A: Where are you headed?
B: The airport at Narita.
A: What for?
B: To see a friend off.

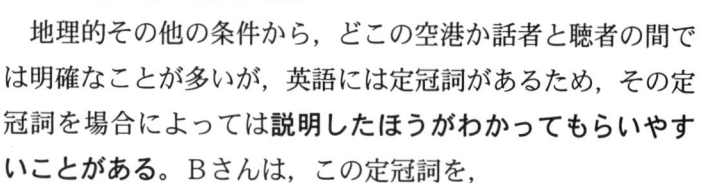

　地理的その他の条件から，どこの空港か話者と聴者の間では明確なことが多いが，英語には定冠詞があるため，その定冠詞を場合によっては**説明したほうがわかってもらいやすいことがある**。Bさんは，この定冠詞を，

　　"The airport at Narita."

The airport at Narita.

と**前置詞句**（at Narita）で説明したのである。
　次にいこう。

☺「**明確な複数**」。さて，どうする定冠詞

　ふたたび前後するが，「筆者と読者，話者と聴者の間で**明**

確な複数」について考えよう。

表Ⅲでつかう定冠詞（定冠詞＋複数形＝７の数え方）
　２．明確な複数　＝　①説明しなくてよい定冠詞

「何をしてるの？」
「おもちゃをかたづけてるの」
A: What are you doing?
B: I'm putting away the toys.

おもちゃを一部かたづけているのではない。**すべてのおもちゃをかたづけている**。その数が話者と聴者の間で明確なのである（**説明しなくてよい定冠詞**）。

「犬の散歩した？」
「うん，したよ」
A: Have you walked the dogs?
B: Yes, I have.

私たち（第３人称）には犬を何匹かっているのかわからないが，話者と聴者の間ではその**数が明確**なのである（**説明しなくてよい定冠詞**）。その明確な数すべての犬について対話しているのである。

☺「明確な複数」かもしれないが，定冠詞……

ただし，こういう場合もある。

表Ⅲでつかう定冠詞（定冠詞＋複数形＝７の数え方）
　２．明確な複数　＝　③説明してあげたほうが親切な定
　　　　　　　　　　　冠詞

「電気消した？」

「うん。消したよ」

A: Did you turn off the lights in the bathroom?

B: Yes, I did.

もちろん，Did you turn off the lights? という「**定冠詞＋複数形**」だけでどの電気のことか聴者にわかるだろう。わざわざ説明しなくてよいと考えられる定冠詞なのであるが，Aさんはその定冠詞を，

"Did you turn off the lights in the bathroom?"

Did you turn off <u>the</u> lights <u>in the bathroom</u>?

と**前置詞句**（in the bathroom）で説明したのである。よく考えてみると「**説明してあげたほうが親切な定冠詞**」なのかもしれない。

では，ここでしばらく休憩しよう。

> その前にちょっとだけ。「説明してあげたほうが親切な定冠詞」であるが，これをつかいすぎて説明しすぎないように注意しなければいけない。明確な数の定冠詞については，それが「説明しなくてよい定冠詞」なのか，「説明したほうが親切な定冠詞」なのかの**判断がむずかしい**ので注意しておこう。

不明確なものについて用いたときの定冠詞

復習しておこう。

「定冠詞は，筆者と読者，話者と聴者の間で<u>明確なもの</u>について用いる」

---- 定冠詞 ----

定冠詞は，筆者と読者，話者と聴者の間で<u>明確なもの</u>について用いる

というのが，定冠詞の基本である。ところが，「筆者と読者，話者と聴者の間で不明確なものについても用いる」ことがあるからやっかいなところがあるのである。そこのところを考えてみることにしよう。

☺「不明確な一個」なら，きちんと説明するのが超級者

まず，表の（Ⅰ）であつかう，

```
表Ⅰでつかう定冠詞（定冠詞＋単数形＝２の数え方）
 3．不明確な一個＝②説明しなければならない定冠詞
```

「筆者と読者，話者と聴者の間で不明確な一個」
について考えよう。

私の教室には掲示板が複数，壁にかけてある。一つではない。複数ある。そういう教室の中で私が生徒に，

"Go to the bulletin board."

といったとしよう。掲示板は複数あるのに，**定冠詞＋単数形**

でいってしまった。おそらく生徒は、どの掲示板に行けばよいのだろうと戸惑ってしまうと思うんだ。

そもそも、こういう定冠詞の用い方をしてはならない。しかし、じっさいには、ふとこのようにいってしまうことがある。書いたものであるなら消しゴムで消せるが、言ってしまったものを消しゴムで消すわけにはいかない。さあ、困った。どうしよう。

このときの定冠詞は「**説明しなければならない定冠詞**」なのである。そこで、

"Go to the second bulletin board from the door."

[ドアから二つ目の掲示板に行きなさい]

Go to <u>the</u> <u>second</u> bulletin board <u>from the door</u>.

と**定冠詞**を**形容詞**（second）と**前置詞句**（from the door）で二回にわたって説明しておこう。これならどの掲示板のことかわかるだろう。

☺「不明確な複数」なら、きちんと説明するのが超級者

次に、表の（Ⅲ）であつかう、

「筆者と読者、話者と聴者の間で**不明確な複数**」

について考えよう。

表Ⅲでつかう定冠詞（定冠詞＋複数形＝7の数え方）
 3. 不明確な複数＝②説明しなければならない定冠詞

読者の皆さんに,

"Have you talked to the people (yet)?"

[あの人たちともうお話しした？]

といったとしよう。どの人のことかわかんないよね。そもそも, こういう定冠詞の用い方をしてはならない。しかし, じっさいには, ふとこのようにいってしまうことがある。書いたものであるなら消しゴムで消せるが, 言ってしまったものを消しゴムで消すわけにはいかない。**説明しなければならない定冠詞**なのである。さて, 困った。どうしよう。

"Have you talked to the people you said you would?"

[お話しするといっていた人と, もうお話しした？]

と**定冠詞を形容詞節**（you said you would）**で説明しておこ**

Have you talked to the people you said you would?

う。これなら, もし心あたりがあれば「あ〜, あの人とあの人のことね」, なければ「そんなこと言ったかしら」とか何とか反応があるだろう。

初心者によくあるのが「**定冠詞の乱用**」である。定冠詞をつかうときには, 次にくる名詞の数の概念（明確な数なのか不明確な数なのか）をまずよく考える。また同時に**定冠詞の種類**（説明しなくてもよい定冠詞なのか, 説明しなければならない定冠詞なのか）**を考える**。とくに「説明しなければならない定冠詞」の場合に

は，かならず説明しなければならない。「説明しなければならない定冠詞」を説明しないまま放置していることが多いようだ。これが定冠詞の乱用の主な原因ではないかと考えている。

数えられない名詞「不可算名詞」

こ␣こで少し話題をかえて，「**不可算名詞の数え方**」を考えてみよう。

数えられない名詞のことを**不可算名詞**という。不可算名詞にも数え方が5つある。11の数え方（無冠詞をつけて数える），12の数え方（定冠詞をつけて数える），13の数え方（所有格をつけて数える），14の数え方（指示形容詞をつけて数

可算名詞単数形		可算名詞複数形		不可算名詞	
1	不定冠詞	6	無冠詞	11	**無冠詞**をつけて数える
2	定冠詞	7	定冠詞	12	**定冠詞**をつけて数える
3	所有格	8	所有格	13	所有格をつけて数える
4	指示形容詞	9	指示形容詞	14	指示形容詞をつけて数える
5	本当に数える	10	本当に数える	15	A piece of ～ と本当に数える

える），15の数え方（A piece of ～ などと本当に数える）

という5つの数え方である。

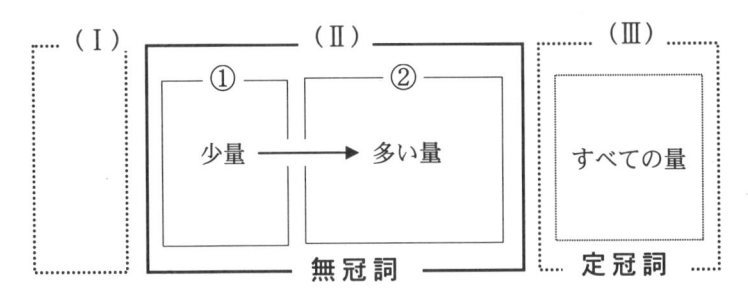

　ここからはしばらく，**11の数え方**（無冠詞をつけて数える）と**12の数え方**（定冠詞をつけて数える）に焦点をしぼって考えることにしよう。

不可算名詞でつかう無冠詞の不明確性

不可算名詞では，表の（Ⅰ）は考えない。表の（Ⅱ）と表の（Ⅲ）で考える。まず，**12の数え方**（**定冠詞**）であるが，不可算名詞の「**すべて**」の量について用いる数え方である。

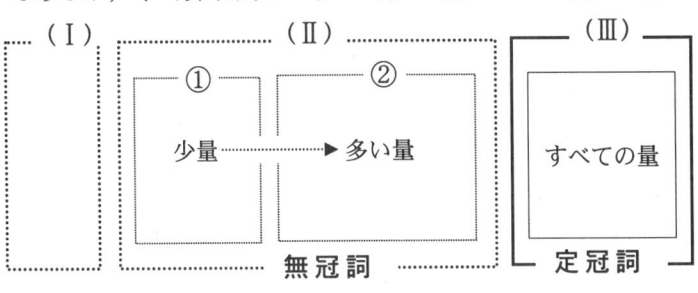

これにたいして，11の数え方（無冠詞）は表の（Ⅱ）をつかって考える。

　「すべての量に満たない量」

について無冠詞をつかうのである。

　ただし，6の数え方（無冠詞＋可算名詞複数形）と同じように，11の数え方（無冠詞＋不可算名詞）でつかう**無冠詞**

---------- **無冠詞の不明確性** ----------
①　少ない量　（＝　少なくてよい量
　　　　　　　　　＝　多いとは限らない量）
②　多 い 量　（＝　非常に多くてよい量
　　　　　　　　　＝　非常に多い量）

にも，

　「少ない量」

つまり，「少なくてよい量」「多いとは限らない量」と，

　「多い量」

つまり，「非常に多くてよい量」「非常に多い量」という**不明確性**がある。どちらの量の無冠詞であるかは，文脈，周囲の状況などから判断しなければならないという不明確性である。この冠詞（無冠詞）も非常によくつかうのでしっかり研究しておこう。

チキンの肉は不可算名詞

「コーヒーはいかがですか」
これを英語でいってみよう。
まず,「**無冠詞**＋coffee」の,

"Would you like coffee?"

という文を吟味してみよう。無冠詞の量の coffee だから,「多い量」かもしれないが,同時に「**多いとは限らない**」。だから,このまま**無冠詞**をつかって,

"Would you like coffee?"

といって,けっしてまちがいではない。ただ,無冠詞は正確な量が不明確だという欠点があるので,量をはっきりさせるため,

"Would you like some coffee?"

と,15 の数え方（本当に数える）のほうがよいかもしれないし,多くの場合,このように本当に数えている。しかし,けっして「**無冠詞**＋coffee」がまちがっているのではないから,安心して無冠詞をつかってよいのである。

☺**チキンの目的を考える。目的は食べること。だから……**

ところで,
「ぼくは,どうも鶏(チキン)がにがてだ」

という人がいる（鶏(とり)料理はおいしいのに！）。これを英語でどういえばよいだろう。chicken を可算名詞としてつかって

はダメだよ。

"I don't like *chickens*."

なんていうと，鶏料理の話ではなくなってしまう。(もちろん生きた) 鶏を飼うのがきらいというか，見るのがいやというか，何が何だかわからない。

鶏料理でいうチキンとは，**料理した肉**をさしている。肉をさしているというところが重要なのである。

生きていようと死んでいようとかまわない。骨まで，ときには対象となる生き物との感情までふくめて，

「頭からしっぽまで丸ごとさしていうときは可算名詞であつかう」

これにたいして，

「不可算名詞は**お肉だけ**！」

まあ，骨の一部を食べることもあるだろうけど，主として「お肉だけ」なのである。これ，覚えておいてくださいね。ときどき，"I like *cat*."っていう人がいるよ（143ページ参照）。

chicken を**不可算名詞**としてあつかって，**無冠詞**のまま，

"I don't like chicken."

```
「鶏肉がきらいだ」= "I don't like chicken."
```

という。ところで，なぜ無冠詞？ なぜ表の（Ⅱ）なんだろう。可算名詞の無冠詞（＝表Ⅱ）と同じ理屈だ。考えてみて（44〜45, 48〜49ページ参照）。

「職業」は無冠詞で

「読書をする」

これを英語でいってみよう。数・量を吟味しないですぐに,

"... read a book."

といってはいけない。1の数え方（不定冠詞＋単数形）かもしれないが,もしかすると, 6の数え方（無冠詞＋複数形）の,

"... read books."

かもしれない。「読書をする」だけでは,単数か複数かわからないので,まず冠詞の吟味ができない。それに大切なことは,「読む（read）」の目的語が本とはかぎらないのだ。本かもしれないが,雑誌かもしれない。もしかすると,マンガかもしれない。雑誌,マンガの本なのに "... read a book." にしろ "... read books." にしろ,本（a book, books）というと「うそ」をついたことになってしまう。

さて,どうしよう。

☺do 〜ing も頭に入れているのが中級・上級者

このような場合,たいへん便利な表現がある。それは 〜ing という動名詞（**不可算名詞**）を目的語にした,

"do 〜ing"

という言い方である。これなら,本を目的語にするのか雑誌を目的語にするのか,まよう必要はない。動名詞（〜ing）が

すでに動詞（do）の目的語になっているからだ。そこで，「読書をする」を，

 "... do reading."

としよう。

 ほかにもいろいろ考えられる。

 "... do ironing."
 "... do washing."
 "... do talking."
 "... do sailing."
 "... do walking."
 "... do swimming."
 "... do typing."
 "... do accounting."
 "... do painting."

かぎりなくあるので，これくらいにしておこう。

 動名詞（～ing）はすべて**不可算名詞**であることはわかっている。さて，問題は不可算名詞の量だ。副詞，動詞，冠詞などの相関関係によっては全体の意味が不明確になってくるので注意しておこう。**名詞の数（冠詞）**を中心にこの問題を少し考えてみることにしよう。

☺「do 無冠詞 ～ing」は「職業」

 上のような例はすべて文を作成するときの基本型であって数（量）を吟味しないままつかうのはよくない。通常，**基本**

型というのは可算名詞単数形なら**1の数え方**（不定冠詞），可算名詞複数形なら**6の数え方**（無冠詞），不可算名詞なら

```
------------------ 基本型で主として用いられる形 ------------------
```

可算名詞単数形		可算名詞複数形		不可算名詞	
1	不定冠詞	6	無冠詞	11	無冠詞

11の数え方（無冠詞）**で示してある**。不可算名詞の無冠詞にかぎらず，これら基本型，とくに名詞の数(量)を吟味しないまま文中で使用するのは**要注意**なのである。

　結論からいうと，6の数え方（無冠詞）にしろ，11の数え方（無冠詞）にしろ，無冠詞というのは使い方をまちがえると**職業あるいは職業に近い状態**をあらわしてしまうので注意しよう。

　では，なぜ，無冠詞がときとして職業あるいは職業に近い状態をあらわすかというと，それは**無冠詞が表の（Ⅱ）の冠詞**だからである。

☺では「**do 無冠詞 ～ing**」が，なぜ「職業」をあらわすの？

　レストランでの「皿洗い」という仕事を考えてみよう。仕事で皿洗いをするときは，皿洗いの量が少ないか多いかは別として，皿をすべて（＝表Ⅲ）洗ってしまうわけではないでしょう。洗っても洗っても，次から次へと皿は来る。翌日もまた皿は来る。その仕事をやめてしまうまで，いつまでたっても皿は来るわけだ。だから無冠詞（＝表Ⅱ）は職業あるい

は職業に近い状態をあらわすのである。

☺だからこそ，注意しておかないと……

ところで，動詞の起こり得る**頻度をあらわす副詞**（always, usually, oftenなど）をつかわなければ「職業」，そういう副詞をつかうと「職業に近い状態」になる（ことが多い）ので注意しよう。

たとえば，

"My father paints pictures."

"My father does painting."

というのは，いずれも表Ⅱ（無冠詞＋名詞）である。いずれも職業（53ページ参照）をあらわしている。前者は画家，後者は画家あるいは塗装業である。

これに**頻度をあらわす副詞**をくわえるとどうなるだろう。

"My father always paints pictures."

"My father always does painting."

というのは，いずれも**職業ではない**。趣味かもしれない。何かわからない。ただ，職業に近い状態なのである。趣味ならおそらく，

"My father likes to paint pictures."

"My father likes to do painting."

というだろうし，それならはっきり趣味だとわかる。ただし，後者（... likes to do painting.）は趣味は趣味だろうけど，何の趣味なのかはまだはっきりしないという難点はある。

まあ，いろいろ冠詞について考えてみてください。けっこ

う，おもしろいよ。

不可算名詞：説明しなくてよい定冠詞

前に，1の数え方（不定冠詞）は6の数え方（無冠詞＝表Ⅱ）と親戚関係にあるといったね。その理由を覚えているかな？ 不定冠詞は「表Ⅱの中の一つ」だからである。

さて，11の数え方（無冠詞＝表Ⅱ）はどうかな？ これは6の数え方（無冠詞＝表Ⅱ）と兄弟姉妹の関係にある。あとにくる名詞が違うだけである。前者は不可算名詞，後者は可算名詞（複数）がくるところが違うだけなのである。

―― 冠詞の親戚関係・兄弟関係 ――

可算名詞単数形		可算名詞複数形		不可算名詞	
1	不定冠詞	6	無冠詞	11	無冠詞
2	定冠詞	7	定冠詞	12	定冠詞

では，12の数え方（定冠詞＝表Ⅲ）はどうだろう。これも7の数え方（定冠詞＝表Ⅲ）と兄弟姉妹の関係にある。あとにくる名詞が違うだけである。前者は不可算名詞，後者は可算名詞（複数）がくるところが違うだけなのである。

前に，7の数え方（定冠詞＝表Ⅲ）は6の数え方（無冠詞＝表Ⅱ）とは違うといった。理由は冠詞が違うからである。前者は定冠詞（＝表Ⅲ），後者は無冠詞（＝表Ⅱ）である。

102　英語は冠詞だ

　そこで，12の数え方（定冠詞＝表Ⅲ）は11の数え方（無冠詞＝表Ⅱ）とは違う。理由は冠詞が違うからである。前者は定冠詞（＝表Ⅲ），後者は無冠詞（＝表Ⅱ）である。

☺冠詞が違う！　これは一大事！　そう捉えるのが超級者

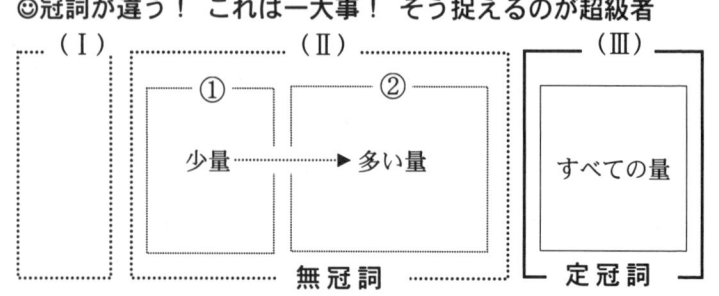

```
……（Ⅰ）……    ┌─（Ⅱ）─────┐    ┌─（Ⅲ）─┐
           │  ①      ②   │    │       │
           │少量 ──→ 多い量│    │すべての量│
           │              │    │       │
           └─── 無冠詞 ───┘    └─定冠詞─┘
```

　冠詞が違う。これは大きな問題だ。とくに定冠詞（＝表Ⅲ）はやっかいだ。前にもいったように，やっかいだからこそ定冠詞の乱用が多いのだろう。

☺不可算名詞でつかう定冠詞。正確なのが超級者

　さて，7の数え方（定冠詞＝表Ⅲ）を思い出しながら，12の数え方（定冠詞＝表Ⅲ）を考えていこう（82ページ参照）。

　12の数え方では**定冠詞**をつかう。まず，このときの定冠詞のもつ概念を考えよう。3つある。

```
不可算名詞でつかう定冠詞（12の数え方＝表Ⅲ）
　1．絶対的な量
　2．筆者と読者，話者と聴者の間で明確な量
　3．筆者と読者，話者と聴者の間で不明確な量
```

「絶対的な量」

「筆者と読者，話者と聴者の間で明確な量」

「筆者と読者，話者と聴者の間で不明確な量」

という3つの概念である。

さらに，不可算名詞でつかう定冠詞（12の数え方＝表Ⅲ）には種類が3つある。これも解説しておこう。

定冠詞の種類

① 説明しなくてよい定冠詞
② 説明しなければならない定冠詞
③ 説明してあげたほうが親切な定冠詞

それは，

「説明しなくてよい定冠詞」

「説明しなければならない定冠詞」

「説明してあげたほうが親切な定冠詞」

の3種類である。これをそれぞれ定冠詞の概念とむすびつけて考えていくことにしよう。

☺一つひとつ，こつこつ整理整頓，超級者

まず，「**絶対的な量**」と定冠詞の関係を考えてみよう。

不可算名詞でつかう定冠詞（12の数え方＝表Ⅲ）
　1．絶対的な量　＝　①説明しなくてよい定冠詞

正直いって，universe という単語が可算名詞なのか不可算名詞なのか，いまだにはっきりしない。可算名詞なのかもし

れないが，不可算名詞だろう（いい加減なところがあってごめんなさい）。可算名詞だとしても結果は同じことになるんだけれど，不可算名詞だとして the universe の**定冠詞は絶対的な量**を示している。だから，**説明しなくてよい定冠詞**なのだ。

宇宙という意味でつかう the space はどうだろう。宇宙という意味では不可算名詞になると思うのだが，あまり自信ない（また，ごめんなさい）。ただ，不可算名詞だとして，the space の**定冠詞は絶対的な量**を示しているといってよいだろう。**説明しなくてよい定冠詞**である。

これはこのあたりにしておこう。「絶対的な量」とか何とか偉そうなことをいってるが，私自身どうもわからない。哲学的というか，私の頭じゃ，どうもわからん。ごめんなさい。

次にいこう。

☺「明確な量」であることを認識する

「筆者と読者，話者と聴者の間で**明確な量**」と定冠詞の関係について考えよう。

不可算名詞でつかう定冠詞（12の数え方＝表Ⅲ）
　2．明確な量　＝　①説明しなくてよい定冠詞

「世界で一番」とかいうよね。そのときの the world でつかう**定冠詞**は，もしかしたら（world という単語が不可算名詞だとしてのことだよ）先の「絶対的な量」を示す定冠詞なのかもしれないが，まあ，「筆者と読者，話者と聴者の間で**明**

確な量」を示す定冠詞だということでいいんじゃないかな。いずれにしても，**説明しなくてよい定冠詞**であることにはまちがいない。

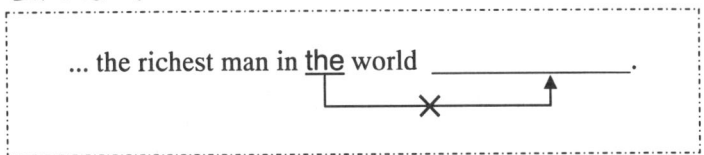

```
... the richest man in the world _____.
                        └────×────┘↑
```

☺常日頃から，長文に慣れ親しんでおくのが上級・超級への道

次の文読んでみて。

The government will introduce legislation to prevent civil servants from receiving excessive hospitality and gifts from corporate or other sources.

［政府では，企業等より公務員への過度な贈与等を禁止する法案を国会に提出することにしている］

法案（legislation）は**不可算名詞**である。**無冠詞**（11 の数え方）になっている。ところで，これ，あまりくわしく説明するとこれから先の話まで先取りしてしまって頭の中が混乱するかもしれないが，ちょっとだけお話ししておこう（121, 126, 131 ページ参照）。

不定詞（to prevent ....）があるだろう。これ，**形容詞的用**

```
... 無冠詞 legislation to prevent ....
        └──────────┘↑
```

法の不定詞といって，legislation の前の**無冠詞を説明してい**

るんだ。よくあるまちがいなんだけど，形容詞的用法の不定詞だからといって，つまり，「〈～するための法案〉だから legislation を特定（限定）している。だから legislation の前

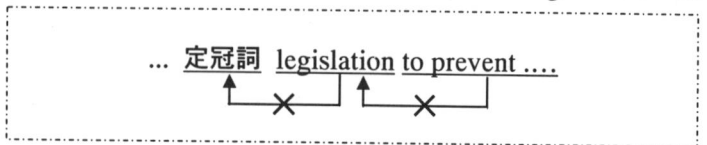

```
... 定冠詞 legislation to prevent ....
       ↑   ×        ↑   ×
```

には定冠詞をもってくる」なんていってはだめだよ。「特定・限定」という考え方をしていると何でも定冠詞になってしまう。

こんなこと和訳するときには関係ないことなんだろうけど，和訳だけが英語の勉強じゃないんだよ。将来かならず，英語を書いたり話したりしなければならないことになるわけだから，無冠詞・定冠詞をしっかり研究しておいてくださいね。

ところで，legislation でつかっている無冠詞をなぜ説明しているのだろうか。考えておいてください。

☺説明しなくてよい理由。「考える」くせをつけるのがコツ

もとにもどって，いまここでは**定冠詞**を勉強している。それも「**説明しなくてよい定冠詞**」の勉強である。次の文を読んでみてください。

A bill that would prevent civil servants from receiving excessive hospitality and gifts from corporate or other sources is set to clear a Lower House committee today....

The compromise legislation...is expected to be passed at a Lower House plenary session Friday....

[*Asahi Evening News* より。但し, ... 及び .... (中略・省略) は筆者]
[企業等より公務員に対する過度な供与を禁止するための法案が本日衆議院内委員会で可決する見通しであり, 衆議院本会議での可決は金曜日になるものと思われる]

にある legislation (くわしくは compromise legislation) は**定冠詞**になっている。

これは, A bill の不定冠詞を The (compromise) bill という**定冠詞**で受け, 定冠詞をそのままにして bill という単語を legislation という単語に置きかえたものである。

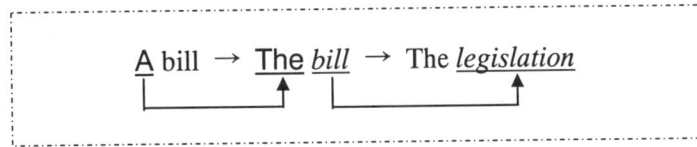

A bill → The *bill* → The *legislation*

ということは, 周囲の状況 (context) から, つまり, この場合は前後関係という周囲の状況から何の法案 (legislation) であるか筆者と読者の間で明確なのである。その量がその前でのべた内容「すべて」をさしており (＝表Ⅲ), そのことが筆者と読者の間で明確なのである。だから定冠詞を説明しないまま用いているというわけである。つまり, この定冠詞は**「説明しなくてよい定冠詞」**なのである。

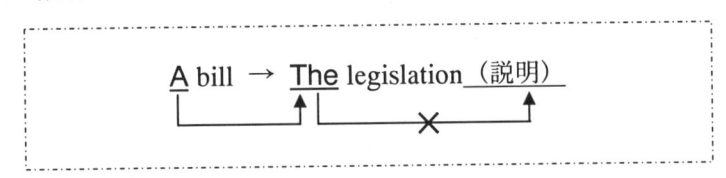

A bill → The legislation (説明)

よく考えてみると当たり前のようなことだけど，ちょっとややこしかったね。ここでしばらく休憩しようか。

説明してあげたほうが親切な定冠詞

先に出した英文には中略（…）があった。そこのところを研究してみよう。

少し文章がむずかしくてごめんなさい。次の英文を読んでみて。

不可算名詞でつかう定冠詞（12の数え方＝表Ⅲ）
　2. 明確な量＝③説明してあげたほうが親切な定冠詞

....The compromise legislation—*which would require bureaucrats with posts of "assistant division chief" or higher rank to file reports if they receive gifts or entertainment worth 5,000 yen or more*—is expected to be passed at a Lower House plenary session Friday....

[ただし，イタリック体は筆者]
[今回の法案は，係長以上の地位にある公務員が五千円を超える贈答品あるいは接待を受けた場合に限り，その旨報告しなければならないという意味で妥協法案ともいえるのであるが，衆議院本会議を通過するのはおそらく金曜日となる見通しである]

☺制限的用法・非制限的用法を使い分けて話す上級者

関係代名詞（which）ではじまる節（イタリック体）を考えてみよう。これを**非制限的用法の形容詞節**という（121, 134, 136ページ参照）。これは重要だよ。

もともと The (compromise) legislation の定冠詞は説明し

The legislation—*which* で始まる非制限的用法の節—

なくてよいのだが、これ（この定冠詞）をさらにくわしく説明しているのである。こういう目的でつかう節を**非制限的用法の形容詞節**という。むずかしい言葉だけれど、冠詞を勉強するときにはかならず認識しておかなければならない専門用語である。

ついでだけれど、非制限的用法の形容詞節につかう関係代名詞は who あるいは which しかダメだよ。けっして that という関係代名詞をつかってはならない。

〈けっして that という関係代名詞をつかってはならない〉といったけれど、じつはこういうことなんだ。

実用英語の世界というのは、つねに読者あるいは聴者に柔軟性（adaptability / flexibility）が要求されている世界なのだ。関係代名詞（that）はつかってはならないことは事実なんだけれど、相手がまちがって that をつかったか

らといって，いちいち気にしたり訂正してはならない世界なのである。むずかしい言葉でいうと，communication の原点は形態（form）というより，言葉の持つ機能（function）なのである（30〜31ページ参照）。「でも，だったら，何でもいいんじゃない」といいたくなるかもしれないが，そりゃあ，まあ，そこのところはいろいろ考えてみて。

ついでに，**句読法**（punctuation）についても簡単に説明しておこう。非制限的用法の形容詞節には，ふつう前後にコンマ（,）をつかうが，その節を目立たせたいときは**ダッシュ**（―）をつかってもかまわない。これもついでに覚えておこう。

英文がちょっとむずかしかったかもしれないが，わかっていただけただろうか。本当は説明しなくてよい定冠詞なのだが，「もう少しくわしく説明してあげたほうが親切かな」と思って（定冠詞を）説明してくれているのが上の例であった。また，そういう節のことを**非制限的用法の形容詞節**という。これは何も不可算名詞（12の数え方）にかぎったことではない。可算名詞単数形（2の数え方），可算名詞複数形（7の数え方）のいずれについてもいえることである。なお，この形容詞節（非制限的用法の形容詞節）については文法書にくわしく説明してあるので，かならず復習しておいていただきたい。

不可算名詞：説明しなければならない定冠詞

次にいこう。

「筆者と読者，話者と聴者の間で**不明確な量**」と定冠詞の関係について考えよう。

不可算名詞でつかう定冠詞（12の数え方＝表Ⅲ）
　3．不明確な量＝②説明しなければならない定冠詞

無冠詞（11の数え方＝表Ⅱ）であるなら「不明確な量」はあってよい。しかし，**定冠詞（12の数え方＝表Ⅲ）ではけっして不明確な量があってはならない**。

　　　〈定冠詞では不明確な量はあってはならない〉といってしまったが，まあ，これが初心者の間にはよくある。つい先ほど，adaptabilityとflexibilityについて触れたが，あれは高度なレベルでのadaptability / flexibilityなのである。つまり，超々々級の人でもたまにまちがえるレベルの内容である。

　　ところが，不明確な数(量)について定冠詞をつかうことは超々々級の人にはあり得ない。超級の人にはたまにあるが，きまって同じまちがいをするというまちがい（pattern of error）というわけではないからadaptability / flexibilityでもって対処する。

ところが中級の人は、いってみれば（申し訳ないけれど）定冠詞にかぎらず冠詞はだいたい無茶苦茶だ。だから、少しでも質の向上をめざしていただきたいと思って本書を記している。

〈定冠詞には不明確な数（量）があってはならない〉ということを頭において、英語を書いたり話したりしていただきたいのである。

◎ふと定冠詞をいってしまったら。そんなとき、どうしよう。

「お昼にカレー食べたの」

これを英語でいってみよう。

"I had curry for lunch."

これでよい。つまり、**無冠詞**の curry でよいわけだ。理由はわかるね。表の（Ⅱ）の量の curry でよいからだ。

ところが、これ、まちがって、

"I had *the* curry ...."

と、ふと定冠詞をいってしまったとするよね。もう消しゴムで消せないわけだから、どうしようもない。

ついでだけれど、英作文の試験でペンしかつかってはならない試験がある。ペンしかつかってはならないし訂正してもいけない試験なのである。これはなぜかというと、たとえば、まちがってつかった定冠詞をどう処理する能力があるかを確かめているのである。

さて、どうしよう。知らん顔して、

　　"I had *the* curry for lunch."

と、つづけてしまう人が多い。これはいかん！　これなら、世の中のカレー全部、あるいはどこかのカレーを全部食べてしまったことになる（＝表Ⅲ）。まあ、そういうことはないはずだから、こちらもそこのところは臨機応変に聴いて理解するのであるが、こういう人が意外に多いのである。

　こういうときは、とっさに定冠詞を説明する。発音が少しぐらいまちがっていてもかまわない。少しぐらい文法がまちがっていてもかまわない。説明しなければならない定冠詞であるから、どんなことがあっても説明しなければならないのである。ただし、「とっさに説明する」からといって、「うそ」をいってはいけないよ。本当のことをいいながら、とっさに説明するのである。

　　　　... the curry (that) you had cooked for me ....

　　"I had the curry you had cooked for me ...."
　　　　　　［あんたが作ってくれたカレーを食べたんだ］
とか、

　　"I had the curry you said you had at that restaurant ...."
　　　　　　［あそこの食堂で食べたといってたでしょう。その
　　　　　　カレーを食べたんだ］
とか何とかいえるでしょう。それをいうの。

さて、ここからがちょっとやっかいだ。

☺不用意に副詞句をいってはならない。よく考えて話す

定冠詞をこのように説明したからといって、「お昼に」をその後すぐにいってしまってはいけないよ。

"I had the curry you had cooked for me *for lunch*."

というと *for lunch* という**副詞句**がどの動詞とお友だちになってしまいますか？ cooked という動詞とお友だちになって

... (that) you had <u>cooked</u> for me *<u>for lunch</u>*....

しまうよね。こんなふうにいってしまうと「うそ」になってしまう。「うそ」はいけない。

そこでどうするかというと、for lunch という副詞句を had という動詞とお友だちにするため、**そこでいったん文を切る**。そして、あたらしい文をつくりなおすのである。

定冠詞を人称代名詞（it）で受けながら、

"I had the curry you had cooked for me. I had it for lunch ...."

　　　　　［あんたが作ってくれたあのカレー。あれをお昼に食べたんだ］

... had <u>the</u> curry .... I had <u>it</u> for lunch ....

という。すると for lunch という**副詞句**は had という動詞と

```
... had the curry .... I had it for lunch ....
```

お友だちになるよね。

☺締めくくる！　最後できちんと締めくくる！

次にそこで終わってしまってはいけない。内容に応じてまだ次をいう。

たとえば，

"I had the curry you had cooked for me. I had it for lunch. It was delicious. Thanks a lot."

　　　　　［あんたが作ってくれたあのカレー。あれをお昼に
　　　　　　食べたんだ。おいしかった。ありがとう］

とか何とかいうのである。よろしいですか？　しつこいけれど発音が少しぐらいまちがっていてもかまわない。文法が少しぐらいまちがっていてもかまわない。ただ，**とぎれることのないように，すらすらといっていただきたい**のである。

ところで，もとにもどって，不明確な量をあらわす定冠詞（説明しなければならない定冠詞）をいってしまった以上，説明しなければならない。そこで用いる句あるいは節のことを**形容詞句**あるいは**形容詞節**という。また，そういう句や節のことを**制限的用法**の形容詞句，**制限的用法**の形容詞節という。専門用語だけれど，これ，重要なんだよ。文法書でしっ

かり復習しておいていただきたい。

　　　　制限的用法の形容詞節と非制限的用法の形容詞節は役割が異なるため，言い方も違う。リズムと抑揚が違うのであるが，それはまた機会があればお話ししたい。

不定冠詞・無冠詞の種類

	可算名詞単数形			可算名詞複数形	
1	不定冠詞	a book	6	無冠詞	books
2	定冠詞	the book	7	定冠詞	the books
3	所有格	my book	8	所有格	my books
4	指示形容詞	this book	9	指示形容詞	these books
5	本当に数える	one book	10	本当に数える	five/many books

「本は英語で何？」
と質問をすると，
「本はbook！」
と，ためらわず答える人が多い。けっして「本はbook！」が答えとしてまちがっているわけではない。しかし，本当はそれでは困る。

「本は英語で何？」ときかれたら，まず，

「ウ〜ン」と，考えこんでしまうくらいの心がまえが必要だ。何もむずしいことを考えるのではないが，まず**考える**！これが英語の基本的な姿勢である。

> 「本は book。book は可算名詞。可算名詞には単数形と複数形（book と books）。それぞれについて数え方が5つずつある。だから，10通りの言い方がある。どの本のことかしら？」

と考えるのだ。そして，さらによく考えてみると，（特殊なケースをのぞいて）単数形には「無冠詞＋単数形」は存在しないことがわかる。つまり，"book" というひとことでは「文は書けない話せない！」。同時に，正しく「読めない聴けない」といいきってよいだろう。

☺復習の時間を惜しまない。たっぷり時間をかけて復習しよう

さて，ここでは，1の数え方（a book）と6の数え方（無冠詞 books）について考えてみたいと思うのであるが，その前に2の数え方（the book ＝表Ⅰ）と7の数え方（the books ＝表Ⅲ）を復習しておこう。

「絶対的な一冊」

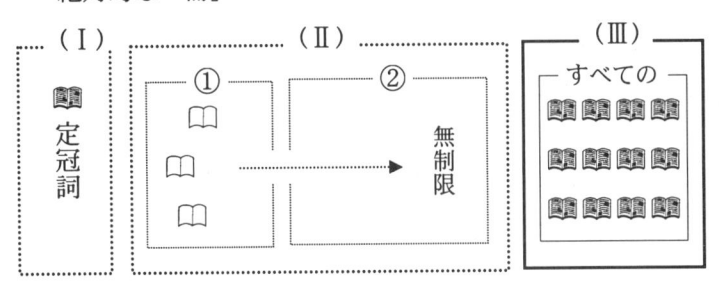

(Ⅰ)	(Ⅱ)	(Ⅲ)
📖 定冠詞	① 📖 📖 📖 → ② 無制限	すべての 📖📖📖📖 📖📖📖📖 📖📖📖📖

であるはずがないから，それは別として（世の中には本が一冊しかないはずがないもんね），

表Ⅰでつかう定冠詞（定冠詞＋単数形 ＝ 2の数え方）
 1．絶対的な一冊
 2．筆者と読者，話者と聴者の間で明確な一冊
 3．筆者と読者，話者と聴者の間で不明確な一冊

「筆者と読者，話者と聴者の間で明確な一冊」
かもしれないが，

「筆者と読者，話者と聴者の間で不明確な一冊」
かもしれない。前者（明確な一冊）の場合でも「説明してあげたほうが親切な定冠詞」であることもあるし，後者（不明確な一冊」の場合の定冠詞は「説明しなければならない定冠詞」である。

定冠詞＋複数形（*the* books ＝表Ⅲ）だけいうと，
「絶対的な複数」
であるはずがないから，それは別として（世の中の本をすべてさしていってるはずがないもんね），

「筆者と読者，話者と聴者の間で明確な複数」
かもしれないが，

表Ⅲでつかう定冠詞（定冠詞＋複数形＝7の数え方）
 1．絶対的な複数
 2．筆者と読者，話者と聴者の間で明確な複数
 3．筆者と読者，話者と聴者の間で不明確な複数

「筆者と読者，話者と聴者の間で不明確な複数」かもしれない。前者（明確な複数）の場合でも「説明してあげたほうが親切な定冠詞」であることもあるし，後者（不明確な複数」の場合の定冠詞は「説明しなければならない定冠詞」である。

　復習はここまでにして，本題に入ろう。

☺不定冠詞と無冠詞の共通点。しっかり認識するのがコツ

　1の数え方（a book）と6の数え方（無冠詞 books）についても定冠詞と同じようなことがいえる。

　不定冠詞とは，もともと（Ⅱ）の表の中の「**どれでもよいから（任意の）一つ**」という意味である。「一つ」というから数が明確なように思えるが，じつは「どれでもよいから」という意味で不明確な一つ（矢印◀──）である。

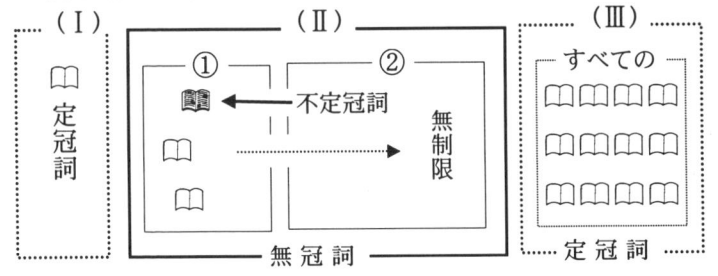

　無冠詞とは，もともと（Ⅱ）の表の中の「**どの数でもよいから（任意の）複数**」という意味である。「複数」というからその複数の分だけ明確なように思えるが，じつは「どの数でもよいから」という意味で不明確な複数である。

　もともと不定冠詞にしろ無冠詞にしろ不明確な要素を多

分にもつ冠詞であるから，多くの場合，不定冠詞・無冠詞は，
　「説明しなくてよい冠詞」
なのである。しかし，あまりにも不明確である場合には，定冠詞の場合と同じようなあつかいで，
　「説明してあげたほうが親切な冠詞」
であることもあるし，また，
　「説明しなければならない冠詞」

```
------------- 不定冠詞・無冠詞の種類 -------------
　① 説明しなくてよい不定冠詞・無冠詞
　② 説明しなければならない不定冠詞・無冠詞
　③ 説明してあげたほうが親切な不定冠詞・無冠詞
```

であることもあるわけだ。

☺ **不定冠詞・無冠詞の説明。しっかり研究するのがコツ**

　たとえば，

"This is a book."

という「**不定冠詞＋book**」の文でよいわけだが，もしかしたら，

"This is a book on Chinese literature."

```
... a book on Chinese literature.
```

と**不定冠詞を前置詞句**（on Chinese literature）で説明してあげたほうが親切であることもあるし，場合によっては説明し

なければならないこともある。

これと同じように，

"These are <u>books</u>."

という「**無冠詞**＋books」の文でよいわけだが，もしかしたら，

"These are books on international politics."

```
... 無冠詞 books on international politics.
```

と**無冠詞**を**前置詞句**（on international politics）で説明してあげたほうが親切であることもあるし，場合によっては説明しなければならないこともある。

制限的用法と非制限的用法

私は九州の福岡というところに住んでいる。これを英語でいうときに，「九州」ということはいわなくてよいだろう。つまり，

"I live in Fukuoka."

だけでよい。ただ，外国に手紙を出すときもそうだけど，Fukuokaだけではわからない人がいるかもしれない。そういうときは，いろいろ言い方はあるけれど，

"I live in Fukuoka, Japan."

でよいわけだ。

さて，ここからいろいろ考えてみることにしよう。

"... Fukuoka, Japan."

といったけど，なぜここにコンマ（,）があるのだろう。まず，これを考えてみよう。

Fukuoka というのは何名詞？ 固有名詞だよね。固有名詞とは何名詞？ 可算名詞？ それとも不可算名詞？ 答えは不可算名詞である。

可算名詞単数形	可算名詞複数形	不可算名詞	
1　不定冠詞	6　無冠詞	11	無冠詞
2　定冠詞	7　定冠詞	12	定冠詞
3　所有格	8　所有格	13	所有格
4　指示形容詞	9　指示形容詞	14	指示形容詞
5　本当に数える	10　本当に数える	15	本当に数える

不可算名詞である以上，数え方が5つある。ただし，固有名詞は通常（かならずじゃないよ）無冠詞をつかっている。

> Fukuoka という固有名詞にも11の数え方（無冠詞）はもちろんのこと，12の数え方（定冠詞），13の数え方（所有格），14の数え方（指示形容詞）もあるし，15の数え方（本当に数える）だってあるかもしれない。
>
> ところで，これは例外だけど，固有名詞が複数形であるときには11の数え方（無冠詞）の数え方はない（The Philippines, The United

Nations など)。このあたり文法書に解説してあるから復習しておいて。

☺「なぜ？」と問いかける心を育てよう

ところで，固有名詞は通常なぜ無冠詞でいうのだろう。「そのように決まっているから」と考えたことがないかもしれないね。でも，つねに数(量)を考えるくせをつけておくことが必要だ。これを**英語の数意識**という。

当たり前のことだけど，「福岡に住んでる」といったって，

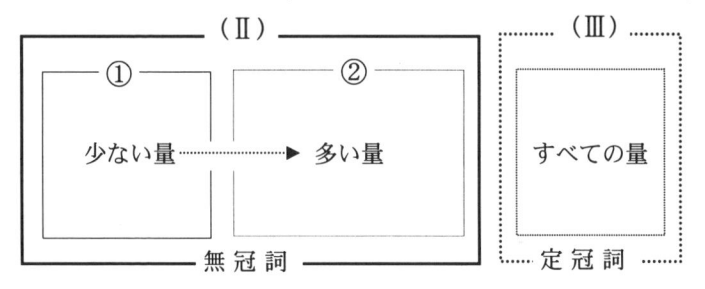

```
        ──── (Ⅱ) ────    ......(Ⅲ)......
       ┌─────┬─────┐    ┌─────────┐
       │  ①  │  ②  │    │         │
       │少ない量 ──▶ 多い量 │    │ すべての量 │
       └─────┴─────┘    └─────────┘
            無 冠 詞         定 冠 詞
```

じっさいに住んでるところは福岡のほんの一部にしかすぎないわけだ(＝表Ⅱ)。だから無冠詞。簡単でしょ。

☺「深く問いかける心」を育てよう

さて，話はここからだ。

"... Fukuoka, Japan."

といったときの Fukuoka は無冠詞である。この無冠詞は「説明しなくてよい無冠詞」である。それなのに，なぜ国名(**Japan**)で無冠詞を説明しているのだろう。「福岡がどこに

あるかわからない人のために Japan といってるのにきまっているじゃないの」という人がいるかもしれない。それはその通りであるが,そういう言い方は(無)冠詞を無視した説明(?)なのである。

　それはこういうことなんだ。

　Fukuoka の**無冠詞**を説明したいわけだから,

　　"I live in Fukuoka *in Japan*."

といいたいわけだよね。でもこういうと矛盾が生じることになる。よく考えてみて。Fukuoka についてる無冠詞はもともと「**説明しなくてよい無冠詞**」だ。いってみれば「絶対的な量」をあらわす無冠詞であるからだ。そのような無冠詞を説明すること自体,まったく必要ないわけである。今から大切なヒントをいうよ。**こんな無冠詞をこのまま説明すると制限的用法になってしまって矛盾する**ことになるわけだ。

　では,ここで質問しよう。

　「説明しなくてよい冠詞を説明する形容詞句,形容詞節を何とよぶの?」

　ピンと来た? そう,**非制限的用法の形容詞句,非制限的用法の形容詞節**という。

　次にまた質問するよ。

　「では,非制限的用法の形容詞節の場合の句読法は何だった?」

　そう,コンマ(,)をつけるんだったね。だんだんわかってきた? つまり,

"I live in Fukuoka, in Japan."

だったらよいわけだ。コンマ（,）をつかうことによって無冠詞を修飾する形容詞句（in Japan）を**非制限的用法の形容**

...in <u>無冠詞</u> Fukuoka コンマ(,) in Japan.

詞句にしているわけである。じっさいにこういう文章はよくあるよ。新聞なんかにもよく出てくる。これから気をつけて読んでみてください。

☺「言語とは，あくまで音調中心」なのが上級・超級者

ただね，文章として書くときはコンマ（,）をつければいいよ。でも，英語ってもともと話す言語だから，そこのところを考えないといけないわけだ。

節（形容詞節）なら長さがあるから制限的用法と非制限的用法はリズムや抑揚によって区別することができる。でも，句（形容詞句＝前置詞句）の場合は長さがないから，なかなか区別することがむずかしい。

そこで，ふつうはコンマ（,）をつかって，

"I live in Fukuoka, Japan."

...in <u>無冠詞</u> Fukuoka コンマ(,) 前置詞なし Japan.

とだけしかいわないのである。わかった？

冠詞にはいろいろ説明方法がある

冠詞を説明する方法には，大きくわけて制限的用法と非制限的用法という二つの説明方法がある。これをさらにこまかくわけると，だいたい次のようになるようだ。まだまだほかにあるかもしれない。いまのところまだ研究の過程であるから，はっきりしたことはいえないが，まあ，このあたりを考えておけばよいのではないかと思っている。

まず，ざっといってしまおう。

「手，目，絵など**動作・視覚教具**を用いて説明する方法」

「冠詞と名詞の間に**形容詞**をおいて説明する方法」

「前置詞句や不定詞などの**形容詞句**を用いて説明する方法」

「関係代名詞や関係副詞などの**形容詞節**を用いて説明する方法」

「同格節などの**形容詞相当節**を用いて説明する方法」

------- 冠詞の説明方法 -------
① （手，目，絵など）動作・視覚教具を用いて説明する
② 冠詞と名詞の間に形容詞をおいて説明する
③ （前置詞句，不定詞など）形容詞句を用いて説明する
④ （関係代名詞，関係副詞など）形容詞節を用いて説明する
⑤ （同格節など）形容詞相当節を用いて説明する

という5つの方法を考えておけばよいだろう。

☺何もかも，きちんと整理整頓，プロの道

では，それぞれ一つずつ簡単に考えていこう。

まず，第一の，

冠詞の説明方法

① （手，目，絵など）動作・視覚教具を用いて説明する

「手，目，絵など**動作・視覚教具を用いて説明する**方法」を考えよう。

これはとくに定冠詞に多い説明方法である。

本屋さんで子どもの絵本をパラパラめくると，あちこちに絵が描いてあるね。なぜ絵があるかわかる？ もちろん，いろんな目的があるのだが，その一つが**定冠詞**の説明だ。

"The children are eating breakfast."

という文があるとする。すると，そのページか，となりのページにかならず（複数の）子どもが朝食を食べている絵がでてくる。その絵は朝食（breakfast）とは何か，食べる（eating）とは何かを説明するための絵というよりも，むしろ，The children の**定冠詞**を説明した絵だと考えたほうがよい。なぜだろう。

まったく絵がなかったと考えてみよう。

絵があったほうが便利かもしれないが，朝食（breakfast）とは何かを説明するのにかならずしも絵を必要とはしない。

食べる（eating）についても同じことがいえる。絵があったほうが便利かもしれないが，食べる（eating）を説明するのにかならずしも絵を必要とはしない。

ところが，**The children** の**定冠詞**については話が別だ。もし絵がなければ，その定冠詞を絵以外の何らかの方法で説明しなければならない。「手」でさすにしろ，「目」で示すにしろ，もともと絵がないのだから，それができない。しかたがないので前置詞句や関係代名詞節など，言葉をつかって説明するとしよう。すると文が複雑になって子どもには理解しにくくなるおそれがある。だからやっぱり絵をつかう。子どもには，絵で定冠詞を説明するのが一番てっとりばやくて効果的な方法なのである。ただし，この絵は**制限的用法**でつかう絵である。

次にいこう。

☺いろんな説明方法を熟知しておくのが上達への道

「冠詞と名詞の間に**形容詞**をおいて説明する方法」を考えてみよう。

------- 冠詞の説明方法 -------
② 冠詞と名詞の間に形容詞をおいて説明する

その前に一つ考えておきたいことがある。

名詞につく形容詞は大きく分けて，

「**数**をあらわす形容詞」

「**質**をあらわす形容詞」

の二つがある。本書であつかっている1から15の数え方でつかう「冠詞」「所有格」「指示形容詞」は，すべて「**数**をあらわす形容詞」であり，「本当に数える」ためにつかう語句

もすべて「**数をあらわす形容詞(句)**」である。

　もともと冠詞は形容詞であるから，〈冠詞と名詞の間に形容詞をおいて説明する方法〉という表現には問題がある。しかし，ふつう「質をあらわす形容詞」を形容詞とよんでいるため，ここでは「質をあらわす形容詞」という意味で〈形容詞〉といっている（193ページ参照）。

　では，はじめよう。何もむずかしいことではない。

　　"Please give me tea."

でいいよ。**無冠詞**＋名詞（tea）で，それはそれなりの意味をもっている。でも，いろんな tea があるわけだから，あまりに不明確な部分が多すぎる場合もある。だから，その**無冠詞**と名詞（tea）の間に何か**形容詞**をいれて，たとえば

　　"Please give me iced tea."

> Please give me 無冠詞 iced tea.

というと少し無冠詞の意味もはっきりしてくる。そういう説明方法である。もちろん無冠詞にかぎったことではない。不定冠詞にも定冠詞にもつかう方法だ。こういう形容詞を**制限的用法**としてつかう形容詞とよんでよいだろう。

　　"That's a dress."

これはこれで**不定冠詞**に意味がある。だからといって，一体ようするに何がいいたいのかわからない。

　　"That's a beautiful dress."

と**不定冠詞**と名詞の間に形容詞（beautiful）を入れてもらったら不定冠詞の意味がよくわかる。でもね，本当はこの不定冠詞をさらに（後で説明するけれど）**関係代名詞節**で，

"That's a beautiful dress you're wearing."

［いい洋服きていらっしゃいますね］

```
That's a beautiful dress (that) you're wearing.
```

と説明していただけると不定冠詞の意味が文句なしによくわかる。つまり，ふつうは（といってもレベルによってちがうけれど）不定冠詞を二回にわたって説明するのである。

なお，この「冠詞と名詞の間に形容詞をおいて説明する方法」というのは，まだまだ私の研究課題の一つである。そういうことで，まあ「こういう"方法"もある」という程度で考えておいていただこう。

次にいこう。

☺形容詞句で冠詞を説明するのはよくつかう方法

「前置詞句や不定詞などの**形容詞句**を用いて説明する方法」について考えよう。

---- 冠詞の説明方法 ----
③（前置詞句や不定詞など）形容詞句を用いて説明する

"John is a friend."

だけでもいいよ。**不定冠詞**の意味はだいたい想像がつく。

でもね，

"John is a friend of mine."

John is a friend of mine.
　　　　└─────↑

と**前置詞句**（of mine）で不定冠詞を説明してもらったら不定冠詞の意味がさらによくわかる。

"We'll get something at that snack bar."

だけでもいいよ。**不定冠詞**あるいは**無冠詞**の意味はだいたいわかる。でもね，

"We'll get something to eat at that snack bar."

... get 無冠詞 things to eat at that snack bar.
　　　　↑─────────┘

と to＋不定詞（to eat）で**不定冠詞**あるいは**無冠詞**を説明してもらったら冠詞の意味がさらによくわかる。

Longman Dictionary of Contemporary English （Longman Group UK Limited）で不定代名詞（something）の意味を調べてみよう。すると，some unstated or unknown thing（不定なもの〈ただし，訳および下線は筆者〉）と定義されている。そこで，これ（some）を大ざっぱではあるが，冠詞に置きかえて考えてみると不定冠詞＋単数形（a thing）と同じ意味，あるいは無冠詞＋複数形（things）に近い意味となる。

ただし，some (unstated or unknown) thing の some は 10 の数え方でつかう some things の some ではないから注意して研究しておこう。

```
some thing  ──→ a thing または things
            ─✗→ some things
```

ついでに，snack bar とは日本語でよくいう飲み屋「スナック」の意味ではない。日本語でいうと喫茶店あるいは軽食堂のことである。

☺「形容詞句で冠詞を説明する方法」のつづきです

"I happened to see a girl."

だけでもいいよ。**不定冠詞**の意味はだいたいわかる。でもね，

"I happened to see a girl called Nancy."

［ナンシーという人に会いました］

```
I happened to see a girl called Nancy.
                   └─────────↑
```

と**分詞句**（called Nancy）で不定冠詞を説明してもらったら不定冠詞の意味がさらによくわかる。なお，これはいずれも**制限的用法**の句である。

次にいこう。

☺複文(subordination)をつかって話せるのが上級者

「関係代名詞や関係副詞などの**形容詞節**を用いて説明する方法」について考えよう。

冠詞の説明方法

④ (関係代名詞, 関係副詞など)形容詞節を用いて説明する

"Please stop by again."

[また来てくださいね]

だけでもいいよ。"Please stop by again sometime." つまり "Please stop by again at a time." の意味であるということはわかるよ。でもね,

"Please stop by again (at a time) when I have more time."

[今忙しいので, また時間があるときにいらっしゃってくださいね]

... (at <u>a</u> time) <u>when I have more time</u>.

と**関係副詞節**(when I have more time)で**不定冠詞**を説明してもらったら不定冠詞の意味がさらによくわかる。なお, この関係副詞節は**制限的用法**の形容詞節である。

☺複文をつかえるようになるのがコツ

"We tried to sail through a narrow channel."

[狭い水域での航行が思い通りにいかなかった]

だけでもいいよ。**不定冠詞**の場所で起きたこと（もしかしたら事故）がだいたい想像つく。でもね，

"We tried to sail through a narrow channel, where we went aground."

［狭い水域を航行中，座礁してしまった］

```
... a ... channel, where we went aground.
```

と**関係副詞節**（where we went aground）で**不定冠詞**を説明してもらったら不定冠詞の意味がさらによくわかる。なお，この関係副詞節は**非制限的用法**の形容詞節である。

次にいこう。

☺複文をつかえるようになるのが上級者への道

「同格節などの**形容詞相当節**を用いて説明する方法」を考えよう。

------ 冠詞の説明方法 ------
⑤（同格節など）形容詞相当節を用いて説明する

"No one can deny *the* fact."

だけでは定冠詞の意味が何のことかさっぱりわからない。もちろん，もしかしたら「筆者と読者，話者と聴者の間で明確

表Ⅰでつかう定冠詞（定冠詞＋単数形 ＝ 2 の数え方）
 2．筆者と読者，話者と聴者の間で明確な一個

な単数」なのかもしれないが，そうであると仮定しても「**説明してあげたほうが親切な定冠詞**」であることにかわりはない。

"No one can deny the fact that the Earth is not a perfect sphere."

[地球が完全な球体でないことは周知の事実である]

... the fact that the Earth is not a perfect sphere.

と**同格節**（that 以下）で**定冠詞**を説明してもらったら定冠詞の意味がはっきりわかる。なお，これは**制限的用法**の形容詞相当節である。

☺どんどん複文を研究しよう。これが上級者への道

"*The* question depends on the weather."

これも上の例とまったく同じこと。定冠詞の意味がわからない。もしかしたら「筆者と読者，話者と聴者の間で明確な単数」なのかもしれないが，そうであると仮定しても「説明してあげたほうが親切な定冠詞」であることにかわりない。

"(The question) whether I go sailing or not depends on the weather."

[ヨットに行くかどうかは天候によって決めることにしています]

と**同格節**（whether 以下）で**定冠詞**を説明してもらったら定

(The question) whether I go sailing or not ....

冠詞の意味がはっきりわかる。なお，これも**制限的用法**の形容詞相当節である。

☺重文（Coordination）よりも複文。これが上級者への道

"On my way to the post office, I met John."
だけでもよくわかる。でも，

"On my way to the post office, I met John, who happened to be going in the same direction as I was."

[郵便局に行く途中でジョンにあってね。たまたまジョンも僕と同じ方向に歩いていたんだ]

... 無冠詞 John, who happened to be going ....

と**同格節**（who 以下）で**無冠詞**を説明してもらったら無冠詞の意味がさらにはっきりよくわかる。なお，これは**非制限的用法**の形容詞相当節である。

> なお，... in the same direction as I was. は**定冠詞**を**形容詞**（same）および**疑似関係代名詞**（as）をふくむ**形容詞節**（as I was）で説明した副詞句である。

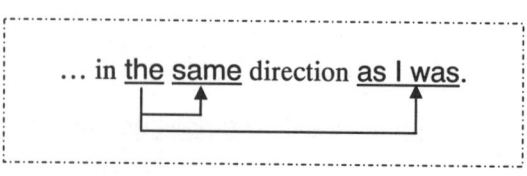

... in <u>the same</u> direction <u>as I was</u>.

ちょっと後半むずかしかったかな。でも，すべて大切なことばかりなんだ。文法書を読みながら，いろいろしっかり研究をつづけていただきたい。どんな文でも，かならず**冠詞を監視**しよう（なんて，洒落でいってるつもりじゃないんだけれど）。

つかれてきたね。ちょっとここで休憩しよう。

特殊な定冠詞「犬というものは」

こんなふうにいっては申し訳ないのであるが，私たち日本人の英語力は世界的レベルから考えると，深刻なくらい低い。もちろん日本人と同じくらいに，またはそれ以上に英語力の低い外国人もいるだろう。しかし，まあ，何といっても日本人の英語力がとくに低いのにかわりはない。

いっちゃあ悪いけど，低い者同士の間でなぐさめあい励ましあっているようなところがある。いろいろ原因があるのだが，原因ばかり追求していても何もならないから先にいこう。

☺知っていれば便利なこと＝「ポチ」は中級，「コロ」は上級

ポチという犬を飼っている人がいる。その人が話せる話題というのは「ポチ」のことだけ。もう，となりの「コロ」の話になると「わかりません（**I don't know.**）」。だから，仕方なく「ポチ」の話で，日常会話をした（あるいは，させた）

気にさせておく。こういうことが意外と多いのであるが，そのこと自体，本人もわかっていないようなふしがある。

　読者の皆さんにお願いしたいこと。少しくらい発音がまちがってもいいじゃない。少しくらい文法がまちがってもいいじゃない。語彙が少なくてもいいじゃない。「ポチ」の話もいいけれど，「コロ」の話もしてみよう。

☺めざそう上級，めざそう超級

　「コロ」だけじゃない。ときには「犬というものは」という話もしてみよう。上手に話せなくてもいいんだよ。偉そうなことをいってるけれど，私だってそんなに上手に話せるわけではないんだ。参考のためにいっておこう。「コロ」の話ができるレベルを上級，「犬というものは」という話ができるレベルを超級という。

　犬にもいろんな犬がいる。大きな犬，小さな犬，足のみじかい犬，胴の長〜い犬，やさしい顔つきの犬，恐〜い顔つきの犬。「全部が全部じゃないけれど，だいたい犬というものは，こうこうこういうものなんだ」というときにつかう冠詞は何だろう。これを考えたいと思うのである。

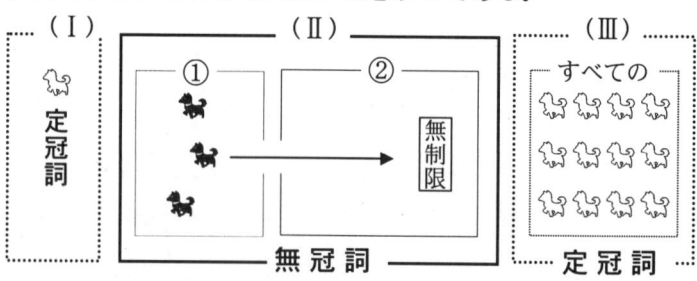

それは3つある。一番よくつかう冠詞が無冠詞だ。なぜかわかるよね。「全部が全部じゃないけれど」というのは表の（II）のことである。

ところで，ここからが少しややこしい。

☺話しはじめたら，きちんと最後まで展開（sustain）する

無冠詞で「犬というものは」と話しはじめたとしよう。日本語だったら主語がいらないから，こんなこといちいち考える必要はないんだけれど，英語はそうはいかない。次の主語の冠詞はどうしよう。ここでだいたい They という人が多い。もちろん They でもいいんだよ。They にしておこう。そしたら，次の主語はどうする？　またここでも They。まあ，この They も我慢することにして，次の主語は？　そしたらまたここでも They。次もまた They。もう，They ばかりで，聴いてる方も気が変になりそう。それでも相手はおかまいなしに，また，They！　そして最悪の場合には，とつぜん何の予告もなく He が出て，She も出てくる。そして I になって，いつの間にか「ポチ」の話で終わっているのである。

これではいけない。

まず，They の意味を吟味しておこう。人称代名詞3人称というものは，（They にかぎったことではない）**不定冠詞**にしろ**無冠詞**にしろ基本的にはまず**定冠詞**で受けてくる。そし

```
不定冠詞  ⟹  定冠詞 〜   ⟹  He/She/It
無冠詞    ⟹  定冠詞 〜s  ⟹  They
```

て，この定冠詞を次は**人称代名詞**3人称（He, She, It, They）で受けてくるのである。まずこれが基本だ。

しかし，場合によっては，定冠詞を飛ばしてそのまま人称代名詞で受けることもある。それはそれでかまわない（人称代名詞の連発になってしまってはいけないよ！）のであるが，

> **不定冠詞** ⟹ He/She/It
> **無冠詞** ⟹ They

問題は人称代名詞の前にある（ことになる）定冠詞の意味である。

☺人称代名詞の乱用を避けるのがコツ

無冠詞から受けてきた**定冠詞**を考えてみよう。しばらくはいいよ。「犬というものは」の話だろう（＝表Ⅱ）と思って聴くから。でも，They が何度もなんどもつづくと，もともと They は定冠詞を受けてきたことに等しいわけだから，いつの間にか定冠詞のお話かな（＝表Ⅲ）って勘違いしはじめるんだ。「定冠詞の話？ 一体何の話なんだろう？ もしかしたら〈ポチのお友だち〉の話かな？ もしかしたら〈ポチの子ども〉の話かな？」なんて，（話している方もそうなんだろうけど）聴いてる方も，もう，わけがわからなくなってしまうというわけだ。

そこで英語には便利な言い方がある。

☺冠詞は無冠詞だけじゃない

「犬というものは」という話にはふつう無冠詞をつかうが，どんどん話がすすむにつれ，上のような問題がおきないように，「犬というものは」でつかう冠詞が合計３つある。

まず，いまいった**無冠詞**。

"Dogs are faithful animals."

次に，**不定冠詞**で，

"A dog is a faithful animal."

最後に，**定冠詞**で，

"The dog is a faithful animal." ……………………………… ①

> 無 冠 詞　Dogs are faithful animals.
> 不定冠詞　A dog is a faithful animal.
> 定 冠 詞　The dog is a faithful animal.

という３つである。ただし，最後の定冠詞は，「**定冠詞＋複数形**」じゃないよ。「**定冠詞＋単数形**」である。この３つの言い方を駆使して「犬というものは」の話を sustain していくわけである。たとえば，無冠詞ではじめて，また無冠詞。次はまた無冠詞か不定冠詞。次はもう一度無冠詞。その次ぐらいで一回 They。次はまた無冠詞あるいは不定冠詞，という具合にである。

☺「定冠詞での代表」には注意する

ところで，最後の言い方（①）は要注意である。通常，これは論文などでよくつかう。ただ，つかっている冠詞が定冠

詞であるから，定冠詞（①）から定冠詞（①），また定冠詞（①）というわけにはいかない。なぜだろう。それはね，もともとこの３つの意味はすべて表Ⅱの意味なのに，定冠詞（①）から定冠詞（①）とつづくと，「あれっ，表Ⅰの意味

---- **意味はすべて表Ⅱ** ----

無 冠 詞　Dogs are faithful animals.
不定冠詞　A dog is a faithful animal.
定 冠 詞　The dog is a faithful animal.

の定冠詞かな？」って勘違いしはじめるからである。

◎**知っておけば便利なこと＝「定冠詞による代表」の性格**

ついでにいっておこう。

定冠詞（①）をつかった文は，たとえば，

In Japan, the woman has long been expected to slave for her family rather than to act as a partner in *the* household.

　　　［日本では，家庭内における女性にたいしてパートナー意識に乏しく，むしろ家族のために身を粉にして奉仕することを良しとする感覚が昔から今にいたって存在している］

のように**内容も文体も堅く**なる。

　　　　［註］woman でつかわれている定冠詞は定冠詞①（＝表Ⅱ）の意味。household でつかわれている定冠詞（イタリック体）の意味は表Ⅰのうち，「筆者と読者の間で明確な一家族＝説明しなくてよい定冠詞」である。

しかし，

"She can play the piano."

のように，楽器などについて定冠詞（①）を日常生活の中でつかうこともある。

「犬のお肉というものは」

「犬というものは」というときの冠詞はふつう無冠詞をつかうといった。しかし，不定冠詞もあるし定冠詞もある。そして，これが特殊な冠詞であるともいった。特殊な冠詞であるというのは，その３つの中に定冠詞がふくまれているからである。

これにたいして，不可算名詞には可算名詞のような特殊性はない。不可算名詞には，もともと表の（Ⅰ）が存在しない

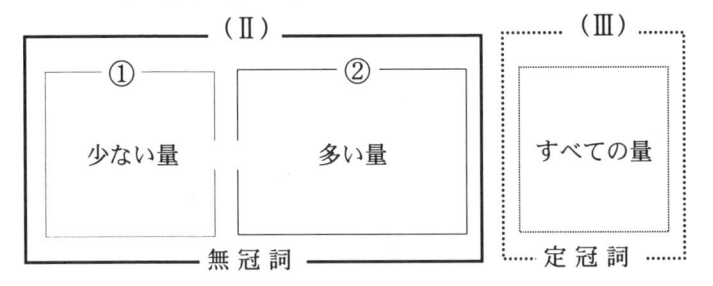

（Ⅱ）		（Ⅲ）
①	②	
少ない量	多い量	すべての量
無冠詞		定冠詞

からである。また不可算名詞であるから不定冠詞もない。ただ**無冠詞**一つで「**犬のお肉というものは**」というのである。

「犬」と「犬のお肉」はどう違うか。これはわかるよね。

生きていても死んでいても「犬」は犬だ。本物の犬でなくてもよい。絵の中の犬であってもよいわけだ。頭と足と胴体が絵にしてあれば、それは「犬」である。これにたいして、「犬のお肉」は中身のことだ。肉屋さんで売っているかもしれない。スーパーマーケットで売っているかもしれない。あのお肉のことである。本物のお肉じゃなくてもよい。絵の中のお皿に肉がもってあれば、もしかしたらそれは「犬のお肉」かもしれないのである。

　でも、まあ、「犬のお肉」なんていや〜ね。例が悪かったかな？　だったら、ごめん。でも、「犬のお肉」とか「猫のお肉」とか、（笑いごとじゃなくって）まあ、いろいろいう人がいるんだから。

　「犬のお肉」はここまでにして、「牛肉」にしておこうか。これならいいよね。

　食べ物のことにはあまりくわしくないので、はっきりしたことはいえないが、牛肉にもいろんな牛肉があると思うよ。「全部が全部じゃないけれど、**だいたい牛肉というものは**」というときにつかう冠詞は**無冠詞**（6の数え方＝表Ⅱ）である。

　ただし、これは結局のところ、いままでお話ししてきた6の数え方（無冠詞＝表Ⅱ）と内容がまったく同じであるから、お肉の話はここまでにしておこう。ただ、「魚のお肉」ならいいけれど、「犬のお肉」にならないように注意していただきたいのである。

UNIT 3 所有格をつけて数える数え方

所有格のもとは定冠詞

こ こからは,
「3の数え方(**所有格+単数形**)」
「8の数え方(**所有格+複数形**)」
「13の数え方(**所有格+不可算名詞**)」

可算名詞単数形		可算名詞複数形		不可算名詞	
2	定冠詞	7	定冠詞	12	定冠詞
3	所有格	8	所有格	13	所有格

という数え方を3つまとめて考えよう。

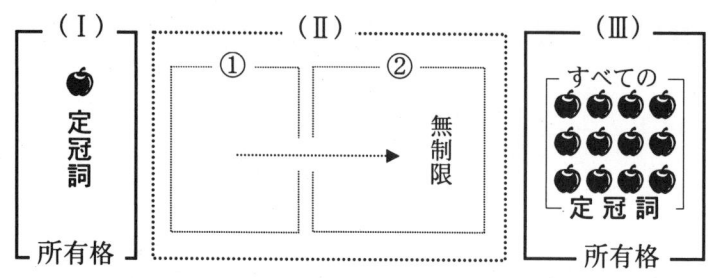

```
┌─(Ⅰ)─┐  ┌────(Ⅱ)────┐  ┌──(Ⅲ)──┐
│     │  │ ①      ② │  │すべての│
│ 🍎  │  │┌─→─┐      │  │🍎🍎🍎🍎│
│ 定  │  ││   │  無  │  │🍎🍎🍎🍎│
│ 冠  │  │└───┘  制  │  │🍎🍎🍎🍎│
│ 詞  │  │       限  │  │ 定冠詞 │
│     │  │           │  └───────┘
│ 所有格│ └───────────┘   所有格
└─────┘
```

ここで重要な課題とは,

「所有格のもとは定冠詞」

ということである。3の数え方（所有格）のもとは2の数え方（定冠詞＝表Ⅰ），8の数え方（所有格）のもとは7の数え方（定冠詞＝表Ⅲ），13の数え方（所有格）のもとは12の数え方（定冠詞＝表Ⅲ）であるということが最重要課題である。

☺英語を記号化しないこと。これがコツ

はじめて会う人に自分の母親を紹介するときのことを考えてみよう。

「こちらは母です」

これを英語でいえば,

"This is **my** mother."

『国語辞典』（小学館）で「母」の意味を調べてみよう。

〈親である女・子のある女・めす。女親。母親。⇔父親。
［用法］他人の母をいう場合は,「（お）母上・母君・（ご）母堂」などといい, 自分の母を他人にいう場合は「老母・母」という〉

と定義されている。

"mother"を *Oxford Advanced Learner's Dictionary*（開拓社）で調べてみよう。

"**1(a)** (sometimes used as a form of address, usu not by young people) a woman in relation to a child or children to whom she has given birth"

と定義されている。

1(a)の解説（sometimes used as a form of address, usu not by young people）について考えてみよう。「30％くらいの確率（sometimes）で 'Bye, mother!' 'Bye, Mother!' など呼称あるいは 'Mother' '<u>the</u> mother' など名前に準じる（下線＝定冠詞であることに注意する）名詞として用いるが，90％くらいの確率（usually）で小さな子供が使用する呼称ではない」という主旨の解説であるが，これについては "This is my mother." という文の "mother" とは関係がない（英語の数意識という観点からして関係がない）ので，本書ではこれを除外して，そのあとにくる定義（a woman in relation to a child or children to whom she has given birth）から mother の意味を考えてみよう。

☺定義をしっかり吟味する。これがコツ

「母」と "mother" は本質的に意味が違うので理解しにくいところがあるかもしれないが話をすすめてみよう。

他人に対して「母」とは**自分**の母親，つまり，（ふつうに考えて）「**自分を**（たとえば，1985年に）**生んでくれた人**」なのである。逆に「**自分を生んでくれた人**」であるから，そ

の人を「母」とよんでいる。

これを "mother" に置きかえて考えてみよう。

今, "mother" を可算名詞としてあつかおうとしている。つまり, 英語の数意識という観点からみれば, "mother" とは「**自分を生んでくれた人**」という意味にはならない。"a woman in relation to a child or children to whom she has given birth" という定義であって, "*the* woman in relation to *you*, to whom she has given birth" という定義ではないからである。**定義には不定冠詞**（a woman, a child）, **無冠詞**（children）がつかわれていることに注意しておこう。つまり, "mother" とは「だれでもよいから」子供を生んだ人のことであり, その子供との関係をいうときにつかう可算名詞なのである。

☺**よくよく定義を吟味したうえで英語をいう。これがコツ**

では,

　「**自分を生んでくれた人**」

これを英語で何といえばよいだろう。

「**自分を**（たとえば）1985年（＝英語では, これをいわねばならない）**に生んでくれた女性**」である。生んでくれた女性の数は何人だったかな？ 冠詞を考える。もちろん「一人」だから,

"This is the *woman* who gave me birth in 1985."

```
... the woman who gave me birth in 1985.
```

と定冠詞をつかって「一人」であることをはっきりさせた上で，その定冠詞を**制限的用法**の形容詞節（who 以下）で説明するのである。

ところで，そのように「自分」もふくめ「誰かを生んだ人」「生んでくれた人」のことを英語では "mother" というわけであるから，*woman*（イタリック体）を mother に置きかえて，

"This is the mother who gave me birth in 1985."
という。まず，ここまでよろしいですか？

☺所有格の性格を知る。これがコツ

ところで，だれも「自分の mother」を他人に紹介するのに定冠詞と関係代名詞節をつかって，

"This is *the* mother *who gave me birth in 1985.*"
という人はいないが，ただし "mother" の定義（*Oxford Advanced Learner's Dictionary*）に**不定冠詞**（a）がつかってあったわけだから，上の文はまちがいとはいえない。

さて，上の文をとうぜん，ふつうは，

"This is my mother."

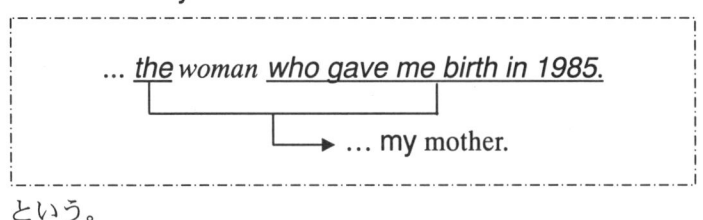

```
... the woman who gave me birth in 1985.
            └──────→ ... my mother.
```

という。

ここでたいへんおもしろいことに気づくのだが，どうだろ

う。それは，

　「**所有格のもとは，定冠詞＋制限的用法の形容詞節**」

ということである。さらに，「**定冠詞＋形容詞節**」だから，

　「3の数え方（**所有格**）の意味は一つ・一人」

なのである。

そこで，

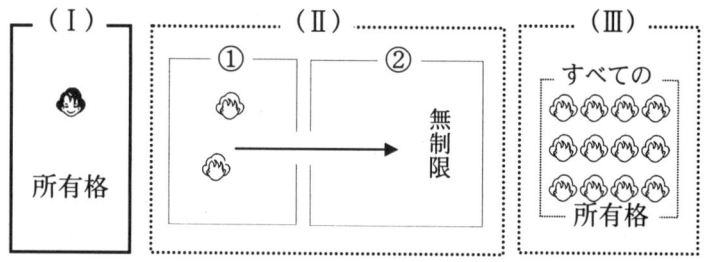

```
┌─（Ⅰ）─┐ ┌──（Ⅱ）──────┐ ┌─（Ⅲ）─┐
│        │ │ ①        ②   │ │すべての│
│   👤   │ │  👤          │ │👤👤👤👤│
│        │ │      →  無制限│ │👤👤👤👤│
│ 所有格 │ │  👤          │ │ 所有格 │
└────────┘ └───────────────┘ └────────┘
```

　"This is my mother."

という文を日本語に〈訳す〉と，

　「私には母親が一人しかいません。こちらが，その人です」

となる。「こんな日本語，おかしい！」という人がいるだろう。日本語では名詞の「数」をいちいち考えることはないから，この〈訳〉は確かにおかしい。しかし，これが本来の意味なのだ。

数を考えて所有格をつかう習慣

「こちらは私の友だちです」
これを英語でいってみよう。

"This is *my* friend."

と3の数え方（**所有格＋単数**の friend）でいうと，おかしくなるね。まあ，人それぞれだから，お友だちが一人しかいなくても不思議なことではないのかもしれない。でも，ふつうに考えてみてちょっと不思議だよね。

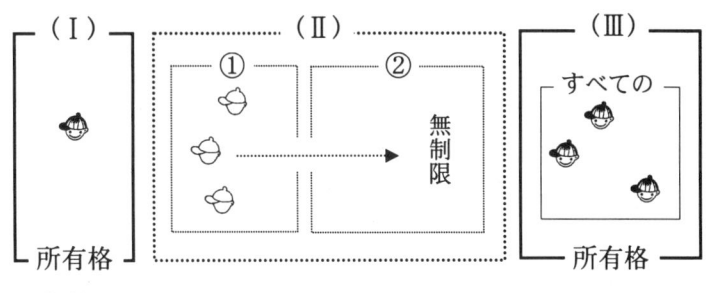

```
┌─（Ⅰ）─┐ ┌┄┄┄┄┄（Ⅱ）┄┄┄┄┄┐ ┌─（Ⅲ）─┐
│       │ ┊ ①        │ ②    ┊ │ すべての │
│   👤  │ ┊  👤       │      ┊ │  👤     │
│       │ ┊  👤  ──→  │ 無制限┊ │    👤   │
│       │ ┊  👤       │      ┊ │  👤     │
└─所有格─┘ └┄┄┄┄┄┄┄┄┄┄┄┄┄┄┄┘ └─所有格─┘
```

複数で，

「こちらは私の友だちです」

を英語でいってみよう。

"These are *my* friends."

と8の数え方（**所有格＋複数**の friends）でいうと，どうなるだろう。まあ，もちろん，これくらいのことでふつうはとやかくいわないけれど，いつもいつもこういうくせをつけていると，いざ論理的な文を書いたり話したりしようとするときは困ってしまうことになるよ。だって，「所有格＋複数」で

my friends といってしまうと,「ここにいるお友だちが全部で,ほかにはもういません」ということになってしまう。

☺「所有格のもとは定冠詞」。これを確認するのがコツ

健常者（というのは差別用語だって聞いたことあるけど,そういうつもりでつかっているのではないよ）には手が二つあるよね。

「これ,僕の手です」（なんてことは,ふつうだれもいわないけどね。もし,こんなこという人がいたら,あれっ,この人,気が変になってるんじゃない？と思われそう）
を英語でいってみよう。

"These are *my* hands."

にきまっている。ところで,これ,なぜ所有格の複数形でしょう。つまらないこときくけど,こういうことが大切なんだ。

何てことはない。これはもともと,

"These are *the* hands *that I was born with*."
　　　　　　［これはどちらも僕が生まれたときから持っている手なんです］

ということだ。まず,**定冠詞＋複数**（7の数え方＝表Ⅲ）をまずいっておく。そして,定冠詞を制限的用法の形容詞節（that 以下）で説明するのである。しかし,だれもこんなふうにいう人はいないよ。「定冠詞＋形容詞節」を「**所有格**」に置きかえて,

"These are *my* hands."

> ... *the* hands (*that*) *I was born with*.
> 　　　　　　↳ ... my hands.

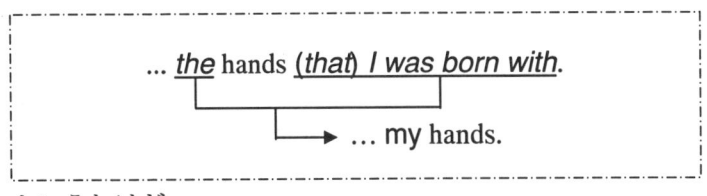

というわけだ。

☺「いいたい通りにいう」。これが上級への道

　ところで昔，こういう質問があった。これもいい質問だった。

「This is my hand. というのは，なぜ所有格＋単数形なのですか」

　もちろん身体障害者（これも差別用語でいってるわけじゃないんだよ）かもしれない。手が一つの人でも二つの人でもそれはそれでかまわないんじゃないの。人間性というのはそういう身体上の問題できまるわけではないのだから。

　ただ，「どうしても手は二つあって，これはそのうちの一つなんです」といいたいときはどういえばよいかというのが質問の主旨だった。おもしろい質問でしょ。

　無責任な答えのようにきこえるけれど，

「そういいたいのなら，そういえばよい」

というのが，まず第一の答えである。沢山たくさんいいたいことがあるのに，それを一言やふたことでいおうとする人がいる。そんなの残念ながら無理だよな。

　　"I do have two hands; this is one of them."

といえばよいわけだ（数の設定：174〜176ページ参照）。This is

my hand. だけじゃあ，その意味は通じない（というと，またいろいろ問題があるけどね）。

「でも，そんなにたくさんしゃべれない」という人がいるかもしれない。まず，こんな量，たくさんでも何でもありません！ それで終わり。

☺でも，「木を見て森を見ず」もいけない⇒これもコツ

では，第二の答えにいこう。

絶対的に手の数は二つ（というと，これも差別表現のようにきこえるかもしれないが，そういう意味でいっているのではない）というのが健常者の状態である。人間には手がクモの足のように8つあるのなら（6つでも4つでもいいよ）話は別だけど，手は二つにきまっている。15の数え方（**本当に数える**）でくわしく勉強するのだが，人間には手が複数あるからといって，いちいち This is one of my hands. という必要はない。そんなふうにいうのを聞いたら，むしろ「この人，手がいくつあるんだろう」と思いたくなるくらいだ。

"This is my hand."

で，もし相手が健常者であるのなら，二つの手のうちの一つの手のことをいっていると考えて当然のことなのである。もちろん，論理的な英語ではない。しかし，手の数については，もともと二つであることが明確なのであるから，あまり深く考えることではないし，そこは adaptable / flexible になって対応しなければならないのである。

という主旨の説明をしておいた。じつに，これもいい質問だった。

所有格は単数・複数考えて

13の数え方（**所有格＋不可算名詞＝表Ⅲ**）についても考え方は同じである。不可算名詞にかぎらず，つねに（というと，This is my hand.のようなこともあるけれど），

「**所有格のもとは定冠詞！**」

「所有格のもとは**表Ⅰ・表Ⅲ**」

なのである。

　この理由で重複する部分が多いため，13の数え方（所有格＋不可算名詞＝表Ⅲ）についてはこれくらいにして次にいこう。

☺**知っておけば便利なこと。仮定法という動詞＝超級への道**

　　「あなた，お名前は？」

　これを英語でいってみよう。

　Sociolinguistic competence がある人，つまり，きちんと状況を把握して敬語（仮定法）がつかえる人ならば，まず，

　　"What's your name?"

という尋き方には躊躇する。まあ，言葉というのはいってる文だけじゃないから，いちがいにそうはいえないところも

あるけれど，周囲の状況（context）によっては問題の多い疑問文だ。

それはさておき，**所有格＋単数形**（your name）をつかうのはなぜだろう。もしかしたらペンネーム，芸名など複数の名前をもってる人がいるかもしれない。だからといって，英語の数意識をそこまではたらかせることもない。「あなた，名前は一つでしょ。その名前をおしえてください」という意味で，**所有格＋単数形**（your name）は何ら問題ではない。ただし，仮定法という動詞（敬語）については各種文法書にいろいろ解説がなされている。しっかり研究しておこう。

☺単数形でいうならその理由。きちんと把握する＝超級への道

「お電話番号は？」

"What's your phone number?"

とくに最近は電話番号を複数もっている人が多い。それでも「あなた，電話番号は一つしかもってないでしょ。その番号をおしえてください」の意味で，**所有格＋単数形**（your phone number）は何ら失礼にはならない。ただし，これにかぎらず，どんな場合にも context によっては文体（texttype）や話し方（delivery）が問題になる。それは別の話だよ。

☺単数形でいわない理由を把握する。これも超級への道

「趣味は何ですか？」

"What's your hobby?"

この所有格＋単数形（your hobby）は問題だ。「あなたには趣味が一つしかないでしょ。その趣味は何ですか」ときいているようなものである。趣味の場合は，**英語の数意識**をはたらかせたほうがいいかもね。

"What are your hobbies?"

"What are your interests?"

と**所有格＋複数形**（your hobbies, your interests）で質問したほうがよいだろう。また，単数・複数にこだわりたくなければ，

"What do you like to do?"

"What do you go in for?"

"How do you spend your free time?"

といってよい。ただし，What の疑問文は things という複数形が**省略**されているんだよ。これ，頭に入れておいてくださ

> What things do you like to do?
> 　　　　└─→ は，省略してもかまわない

いね。

所有格の不明確性

　本書ではおもに「数(量)」を考えているので，英語の「論理性」を深く追求することはさけたい。しかし，所有

格の不明確性については、英文を書いたり話したり（読んだり聴いたり）するときに役に立つので、ここで少しふれておこう。

英語は「名詞の数（量）」がはっきりしているので、たいへん論理的な言葉である。少なくとも日本語とくらべてはるかに論理的であることにまちがいはない。しかし、英語が絶対的に論理的かというと、そうではない。英語にも不明確な文

> これは重要 ⟹ 所有格の不明確性

章がときにはあるからである。その一つが所有格だ。

単数（3の数え方）であろうと複数（8の数え方）であろうと不可算名詞（13の数え方）であろうと、すべて理屈は同じことである。ここでは単数（3の数え方）を例にとって、所有格の不明確性を考えてみることにしよう。

☺所有格の不明確性。きちんと認識しておくのがコツ

「けさ乗った電車は混んでいました」

「あす乗ろうと思っている電車は混んでいるかもしれません」

「これが一億円で買った電車です」

「これが私の名義になっている電車です」

を英語でいうと、それぞれ、

"*The* train *I rode on this morning* was crowded."

"*The* train *I plan to ride on tomorrow* may be

crowded."

"This is *the* train *I've bought for one hundred million yen.*"

"This is *the* train *which is registered in my name.*"

なのだが，このようにいちいち定冠詞＋制限的用法の形容詞節の文体をつかうのが面倒なときがある。そんなときは，定冠詞＋形容詞節を簡単に所有格＋名詞（この場合の例は単数形）の文体に置きかえて，

"My train was crowded (this morning)."

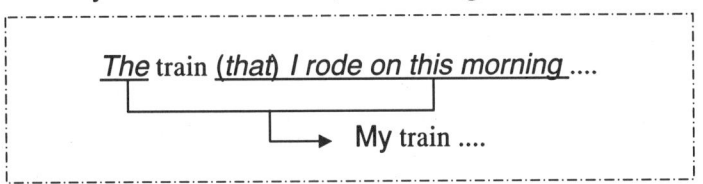

The train (*that*) *I rode on this morning* ....
　　　　　　　　　　　　→ My train ....

"My train may be crowded (tomorrow)."

"This is my train."

"This is my train."

としかいわないことがある。このように**所有格＋単数形**はたいへん簡潔な（ように見える・聞こえる）文体であるが，同時に，意味が不明確であることが多い。つまり，どれもこれもすべて "My train ...." であるから，どの意味での所有格であるのかが不明あるいは不明確なのである。この点をよく考えておかないと，せっかく書いたり話したりした文章がときによっては，きっちり通じていないことがある。

制限的用法と非制限的用法の違い

文法書にくわしく書いてあることではあるが，**制限的用法**と**非制限的用法**の形容詞節についてさらに考えておくことにしよう。

次の英文の違いについて考えていただきたい。

"This is my car, which I bought last year." ……………①

"This is the car which I bought last year." ……………②

さらに，なぜ次のような文章は存在しないのだろう。考えていただきたい。

"This is *my* car *which I bought last year*." ……………③

①は非制限的用法の形容詞節をつかった文である。②は制限的用法の形容詞節をつかった文である。どこが違うのだろう。

答えは，まず「数」である。「**数が違う，あるいは数が違うと考えられる**」ということである。

☺英語の数意識。きちんと整頓，超級への道

まず，①の文からいこう。

"This is my car." ……………④

だけで，それはそれなりのきちんとした意味をもっている。**所有格＋単数形**（my car）であるから，**明確に**（This is my hand.とは違って明確に）**表Ⅰ**という数をあらわしているのである。もちろん，数以外にも「この人はいまでもその自動車

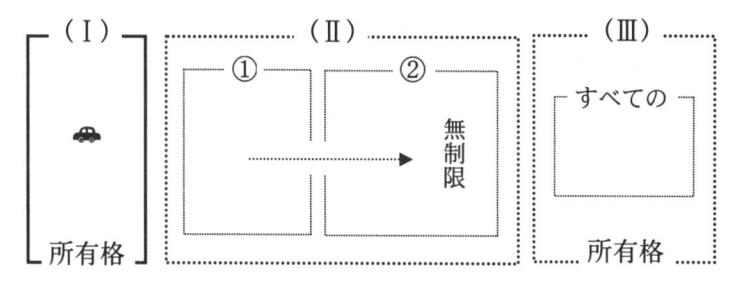

```
┌─(Ⅰ)─┐ ┌┄┄┄┄┄(Ⅱ)┄┄┄┄┄┐ ┌┄(Ⅲ)┄┐
│      │ │ ①      ②   │ │すべての│
│  🚗  │ │  ──→   無制限│ │      │
│      │ │            │ │      │
└─所有格┘ └┄┄┄┄┄┄┄┄┄┄┄┄┘ └┄所有格┘
```

を所有している」ということもわかる。つまり，もうこれ以上，別に何も説明しなくてよい文章（④）なのである。しかし，話者はそれをさらにくわしく**非制限的用法**の形容詞節

> This is <u>my car, which I bought last year</u>.

（which 以下）をつかって説明しているのである。

☺定冠詞をそのまま放置しておかないのが超級への道

これにたいして②の文は，

 "This is *the* car."

定冠詞＋可算名詞（*the* car）では，定冠詞の意味が不明あるいは不明確である。「話者と聴者の間で明確な一台＝説明しなくてよい定冠詞」かもしれないが，「明確な一台」であったとしても**「説明してあげたほうが親切な定冠詞」**であろう。また，あきらかに「不明確な一台」であるならば**「説明**

> This is <u>the car</u> <u>which I bought last year</u>.

しなければならない定冠詞」なのである。

そこで話者は，この定冠詞を**制限的用法**の形容詞節（which 以下）で説明している。

ここで初めて文の意味が明確になってきたのである。つまり，自動車の「数」は**表Ⅰの数とはかぎらない**。というよりもむしろ，ほかに自動車をもっているようにも思えるし，もしかしたら，現在は自動車を所有していないのかもしれない。写真を見せながらいっているのかもしれないからだ。つまり，context がわからない以上，この文だけではくわしいことはわからないのである。そういう意味で，まだまだ意味の不明確な文といえるだろう。

☺「所有格の不明確性」を復習しておこう

ところで，②の文の「定冠詞＋形容詞節」を所有格に置きかえて，たんに，

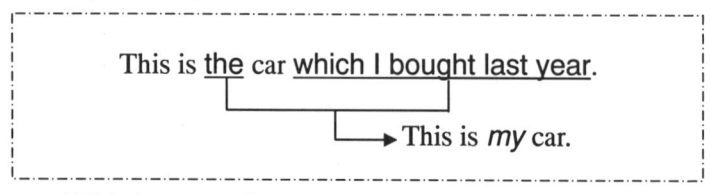

This is <u>the</u> car <u>which I bought last year</u>.
　　　　　　└─────────────────┐
　　　　　　　　　　　　　　　　　→ This is *my* car.

"This is *my* car."
といえることはいえるが，だからといってこの所有格が「現在，その自動車を所有している」とはいえない。なぜだろう。それは，このときの所有格（my）は「定冠詞＋昨年買ったという節（…which I bought last year.）」を置きかえているだ

けの所有格であるから「現在所有している自動車 (…which I own at present.)」とは断言できないのである。ここのところを「所有格の不明確性」という。

☺考える！　これがプロへの道
　最後に，③の文は存在しないのはなぜだろう。考えていただきたい。

UNIT 4　指示形容詞をつけて数える数え方

逆はかならずしも真ならず

こからは**指示形容詞**と数の関係を考えよう。4の数え方（可算名詞単数形），9の数え方（可算名詞複数形），14の数え方（不可算名詞）の数え方である。

可算名詞単数形		可算名詞複数形		不可算名詞	
4	指示形容詞	9	指示形容詞	14	指示形容詞

指示形容詞には，おもに this/these，that/those，such があるが，そのほかいろいろ文法書にのっている。研究しておい

ていただきたい。

　指示形容詞について，たとえば，this は「この」，that は「あの」など，日常よくつかう言葉で考えることが多い。もちろん，これでよいのだが，ここで注意しておかなければならないことがある。何も指示形容詞にかぎったことではないが，

　　「**逆はかならずしも真ならず**」

なのである。たとえば，this という指示形容詞について考えてみよう。this は「この」かもしれない。しかし，「この」は，かならずしも this とはかぎらない。

☺固定概念で心を閉ざさない。これがコツ

　たとえば，

　　　「このりんごをください」

を英語でいうと，3通りの英語が考えられる。まず，

　　　"Give me this apple."

　　　"Give me these apples."

　前者はりんごを単数，後者は複数と考え，ともに「この」を指示形容詞（this, these）と考えたときの文だ。しかし，「この」は，かならずしも指示形容詞とはかぎらない。もしかすると，

　　　"Give me the apple."

　定冠詞かもしれない。

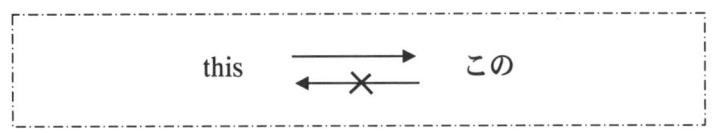

```
              this  ⟶  この
                    ⟵✗
```

「逆はかならずしも真ならず」

という部分否定が(指示形容詞にかぎらず)多くの単語についていえることをまず覚えておいていただきたい。

頭の中は複数

可算名詞単数形につく指示形容詞(**this**＋**単数形**)について少し考えてみよう。

"Give me this apple."

といったとする。ここで大切なことは, "this apple"といえる

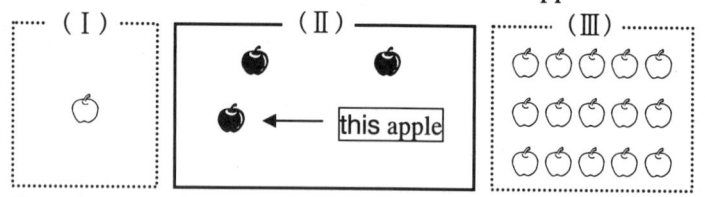

...(Ⅰ)......　──(Ⅱ)──　......(Ⅲ)......

状況だ。りんごが複数ある(複数あると考えられる)ので**指示形容詞**(矢印 ←──)をつかった。

😊 **どんなときにも数を数える。これがコツ**

もし, りんごがどうしても一個しかないという状況であれば,

"Give me the apple."

と定冠詞をつかうか, または, あっさり人称代名詞をつかって,

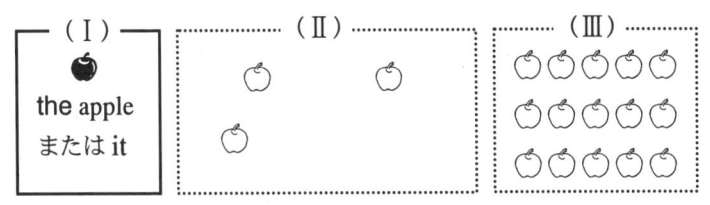

Unit 4 指示形容詞をつけて数える数え方　*167*

```
┌─（Ⅰ）─┐  ┌──（Ⅱ）──┐  ┌──（Ⅲ）──┐
│   🍎    │  │ 🍎    🍎  │  │ 🍎🍎🍎🍎🍎 │
│ the apple│  │           │  │ 🍎🍎🍎🍎🍎 │
│ または it │  │   🍎      │  │ 🍎🍎🍎🍎🍎 │
└─────────┘  └───────────┘  └───────────┘
```

"(Then) give it to me."

という。

つまり，可算名詞単数形の**指示形容詞**は，

「**文章は単数，頭の中は複数（＝表Ⅱ）**」

というときにつかうのである。

☺時間をかけて考えながらゆっくりと。これがコツ

可算名詞複数形につく指示形容詞（**these**＋**複数形**）についても同じことがいえる。

"Give me these apples."

といったとする。ここで大切なことは，"these apples"といえ

```
┌─（Ⅰ）─┐  ┌──（Ⅱ）──┐  ┌──（Ⅲ）──┐
│          │  │ 🍎    🍎   │  │ 🍎🍎🍎🍎🍎 │
│   🍎     │  │ 🍎 ←[these apples] │ 🍎🍎🍎🍎🍎 │
│          │  │            │  │ 🍎🍎🍎🍎🍎 │
└─────────┘  └───────────┘  └───────────┘
```

る状況だ。りんごが複数ある（複数あると考えられる）ので指示形容詞をつかった。

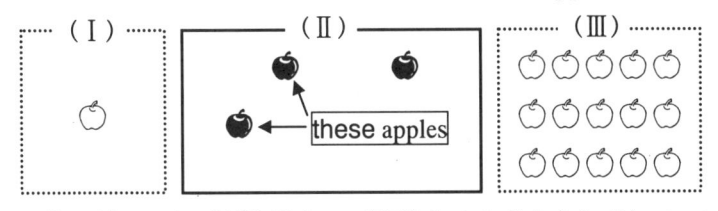

もし，りんごがどうしても二個しかないという状況であれば，

"Give me the apples."

(I) (II) (III)
the apples
または them

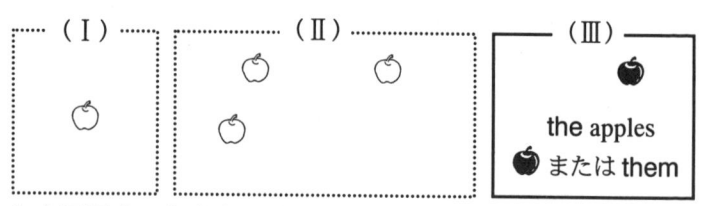

と定冠詞をつかうか，または，あっさり人称代名詞をつかって，

"(Then) give them to me."

という。

つまり，可算名詞複数形の指示形容詞は，

「文章は複数，頭の中はその複数を超える複数（＝表Ⅱ）」

というときにつかうのである。

不可算名詞につく指示形容詞（this＋不可算名詞）についても同じことがいえるが説明は省略する。つまり，不可算名詞の指示形容詞は，

「文章はある量，頭の中はその量を超える量（＝表Ⅱ）」

というときにつかう，ということがいえるのである。

この日本？

「この世で一番しあわせな人」

を英語で，

"... the happiest person in *this* world."

といったとしよう。「あの世」と「この世」？ 指示形容詞を

つかうのはおかしいよね。world は不可算名詞（でよいだろう）の「絶対的な量＝表Ⅲ」なのだから，

　　"... the happiest person in the world."

と「定冠詞＋world」でなければならない。なお，**最上級につく定冠詞**は「説明してあげたほうが親切な定冠詞」という

　　... the happiest person in the world.

よりも「**説明しなければならない定冠詞**」といったほうがよいだろう。これにたいして，「定冠詞＋world」の定冠詞は「説

　　... the happiest person in the world ＿＿＿＿．

明しなくてよい定冠詞」である。

　次にいこう。

☺不可算名詞が可算名詞化する現象。研究しておこう

　形容詞（質をあらわす形容詞）がつけば話は別だ。
「この残酷な世の中で」は，

　　"... in this cruel world."

「この平和な世の中で」ならば，

　　"... in this peaceful world."

など，指示形容詞をつかうことができる。なぜ？　「残酷な世」は，昔もあったし，30年先にもあるかもしれない。複数でしょ（＝表Ⅱ）。つまり，質をあらわす形容詞（cruel, peaceful) がついて不可算名詞が**可算名詞** (＝表Ⅱ) **化**している（といってよい）。だから指示形容詞。

☺それでもやはり「意味」が先行。だから，いつも考える！
　しかし，（このあたり，少しややこしい。ゴメンね）質をあらわす形容詞によっては指示形容詞をつかうとおかしくなることもあるので注意しておこう。
　「女性」は英語で women でよいが，world をつかってこれを修飾すると「女の世界（the feminine world）」になって定冠詞をつかう。指示形容詞はつかわない。
　　「（この）女の世界にとってもっとも大切なのは男性だ，
　　と女性がみんな考えているとはかぎらない」
という文（変な日本語？）があったとする。これを英語になおすと，

　　"Not every woman thinks that men are most important to *this* feminine world."

と指示形容詞をつかうのではない。なぜ？　「女の世界」は可算名詞ではあるが「絶対的な一個＝表Ⅰ」である。「女の世界」は，（こんなことをいうと女性にしかられるかな？）昔はなかったかもしれない。が，いまはある。しかしまた 10 年先にはないかもしれない。ところが，20 年先にまた「女の世界」が出現するかもしれない。このように考えると「女の世界」は可算名詞複数（＝表Ⅱ）のように思える。が，（ここで女性に喜んでいただく）そんなことではいかんのだ！

「女の世界」は，昔から，いまも，そしてこれからも不変のものでなければならない。「**絶対的に一つ＝表Ⅰ**」しかあってはならないのだ！

だから，**定冠詞**をつかって，

"Not every woman thinks that men are most important to the feminine world."

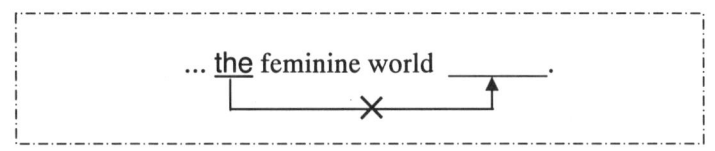

```
... the feminine world _____ .
     └──────×──────┘↑
```

という。もちろん，この定冠詞は「**説明しなくてよい定冠詞**」である。

別の例を考えてみよう。

☺どんなときにも，まず「意味」が先行。「意味」を考える！

「この日本がいまもとめられているものは何か」
を英語でいうとき，

"What is it that is required of *this* Japan at present?"

と指示形容詞をつかってはならない。日本（Japan）は不可算名詞であるから11の数え方（無冠詞＝表Ⅱ）でよい（94, 123ページ参照）。

"What is it that is required of Japan at present?"

と**無冠詞＋不可算名詞**（無冠詞 Japan）でいう。

☺ しっかり数を考える！ これがコツ

しかし，質をあらわす形容詞がつくと話はかわってくる。
「この無情な日本では何が起こるかわからない」
という文があったとしよう。これを英語になおすと，

"Anything can happen in this heartless Japan."

となる。この場合，なぜ**指示形容詞**をつかってよいのだろう。考えていただきたい。

☺「意味」は数。しっかり数を考える！ これがコツ

ただし，次のような場合は不定冠詞＝表Ⅱをつかっていう。
「ときどき，ひどい日本に住んでいるんだな，と思わずにはいられないことがある」

"Sometimes we can't help but think ourselves living in a wicked/heartless Japan."

なぜ**不定冠詞**＝表Ⅱなんだろう。これも考えていただきたい。

さて，質をあらわす形容詞をつけたからといって指示形容詞をつかう（＝表Ⅱ）とはかぎらない。

☺「この」という日本語にだまされない。これがコツ

「（この）本当の日本を世界の人に知ってもらいたい」
という文があったとする。これを，

"I would like people in the world to know what *this* real Japan is like."

と指示形容詞を乱用してはならない。「本当の日本」という日本があるのなら，それは不変のものであって「**絶対的な一個＝表Ⅰ**」でなければならない。だから**定冠詞**をつかって，

"I would like people in the world to know what the real Japan is like."

という。

チョッとややこしかったかな。とにかく，

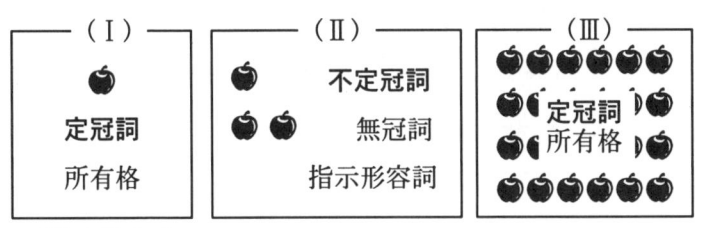

——（Ⅰ）——	——（Ⅱ）——	——（Ⅲ）——
🍎	🍎　　不定冠詞	🍎🍎🍎🍎🍎
定冠詞	🍎🍎　無冠詞	🍎（定冠詞）🍎
所有格	指示形容詞	🍎（所有格）🍎
		🍎🍎🍎🍎🍎

「**数を数える！**」

「**3つの表を考える！**」

「**絶対的あるいは明確な数（量）＝表Ⅰ・Ⅲ**」であるときは**定冠詞**あるいは**所有格**。その**間の数（量）**であるときは**不定冠詞**，**無冠詞**あるいは**指示形容詞**をつかうのである。

UNIT 5　本当に数える数え方

数の設定

こ こからは，
「本当に数える数え方」
を考えることにしよう。

可算名詞単数形		可算名詞複数形		不可算名詞	
5	本当に数える	10	本当に数える	15	本当に数える

5の数え方（One ～ と数える），10の数え方（Five ～ と数える），15の数え方（A piece of ～ と数える）という3

つの数え方である。

　ここに，りんごが一つあって，
　　「りんごはいくつありますか」
　　「一つあります」
　りんごが二つあって，
　　「りんごはいくつありますか」
　　「二つあります」
という会話があったとしよう。いずれもたしかに数を数えたのであるが，これから問題として考える数は，このように「いくつありますか／一つ（二つ）です」という数だけをいうのではない。

　もう一度，
　　「ここに，りんごが一つあります（あるとしましょう）」
といったとする。この「一つ」という数は，先の「いくつありますか／一つです」の「一つ」という数である。

　　「ここに，りんごが二つあります（あるとしましょう）」
といったとする。この「二つ」という数も，先の「いくつありますか／二つです」の「二つ」。

　　「ここに，りんごが3個あります（あるとしましょう）」
といったとしたらどうだろう。これも同じ。先の部類に属する「3」という数にすぎない。

　さて，本論（といっても，別にむずかしいことではない）に入ろう。

　　「ここに，りんごが一つあります（あるとしましょう）」

「ここに，りんごが二つあります（あるとしましょう）」
「ここに，りんごが3個あります（あるとしましょう）」
といったときの数を「**数の設定**」をしたときの数という。数を設定するときには，たしかに名詞を「本当に数える」のであるが，これから考えようとする「**本当に数える**」という課題はおもに，上のように**数を設定したあと**，

「では，その一つをどういうか」
「では，そのうちの一つをどういうか」
「もう一つのりんごをどういうか」

という数え方をいうのである。

本当に数える

「ここに，りんごが一つあります」
といって数を設定したとする。そのりんごのことを英語ではどういえばよいだろうか。「一つ」しかないのだから，とうぜん**定冠詞**をつかって（＝表Ⅰ），

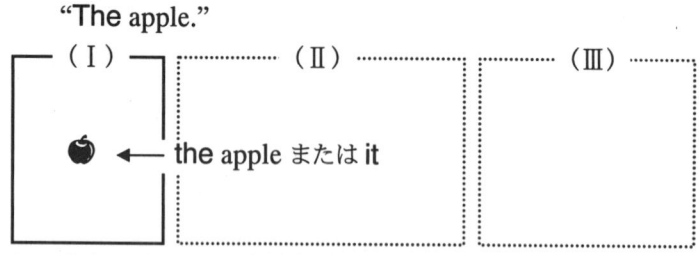

"The apple."

```
┌──（Ⅰ）──┐ ┌·····（Ⅱ）·····┐ ┌·····（Ⅲ）·····┐
│           │ :                : :                :
│  🍎  ←    │ : the apple または it              :
│           │ :                : :                :
└───────────┘ └················┘ └················┘
```

というか，または，**人称代名詞**をつかって，

"It."

とよぶ。もともと「一つ」しかないりんご（＝表Ⅰ）を，

"One apple."

とは数えられない（よべない＝表Ⅱ）のである。ただし**定冠詞**をつけて，

"The one apple."

ならよい（＝表Ⅰ）。

次にいこう。

😊ここからいよいよ「本当に数える」。まず，**基礎固め**

「ここに，りんごが二つあります」

といって数を設定したとする。そのうちの一つをどうよべばよいだろう。ここではじめて one という数字をつかって，

"One (apple)."

```
······（Ⅰ）······   ┌──────（Ⅱ）──────┐   ······（Ⅲ）······
                  │      🍏         │
                  │                 │
       🍏         │  🍎 ← one apple │
                  │                 │
                  └─────────────────┘
```

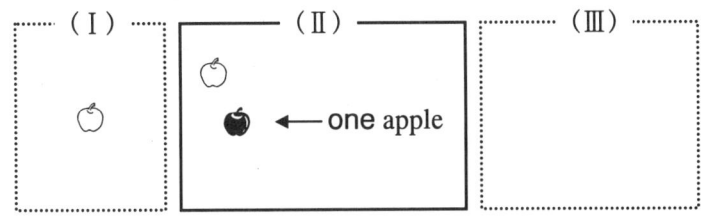

とよぶ（**本当に数える**＝5の数え方＝表Ⅱ）ことができるのだ。では，もう一つのりんごをどうよべばよいだろう。2－1＝1というのは当たり前のこと。あと「一つ」しか残っていない（＝表Ⅰ）。だから，**定冠詞**をつかって，

"The other ((one) apple)."

または，

"The remaining (one) apple."

```
...(Ⅰ)...    ...(Ⅱ)...............    ...(Ⅲ)...
                  ...(Ⅰ)...
              🍎 ← the other ((one) apple)または
                  the remaining (one) apple など
     🍏       🍏
```

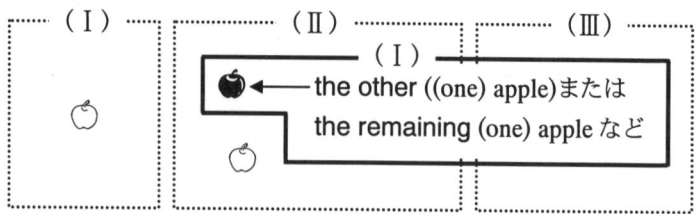

などと残りのりんごをよぶ。ただしこんご本書では other をつかうことにする。

次にいこう。

☺基礎を大切にするのがコツ

「ここに，りんごが3個あります（あるとしましょう）」

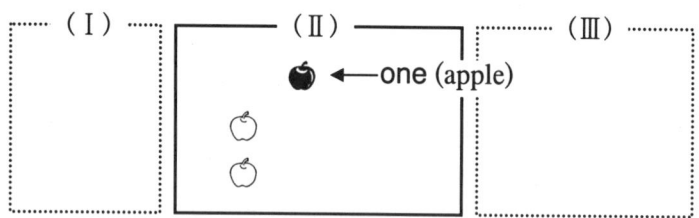

```
...(Ⅰ)...    ...(Ⅱ)...............    ...(Ⅲ)...
              🍎 ←one (apple)
              🍏
              🍏
```

と数を設定したとする。これも同じこと。まず最初の一つをどうよべばよいだろう。これを，

"One (apple)."

と**本当に数える**（5の数え方＝表Ⅱ）。

ここで，あと二つりんごが残っている。そのうちの一つをどうよべばよいか。

"One (apple)."

と**本当に数えるか**（＝表Ⅱ），または，

"Another (apple)."

```
······(Ⅰ)······ ┌─────(Ⅱ)─────┐ ······(Ⅲ)······
                     🍎 ←------ one (apple)
                  🍎
                  ● ←──── one (apple)または another (apple)
```

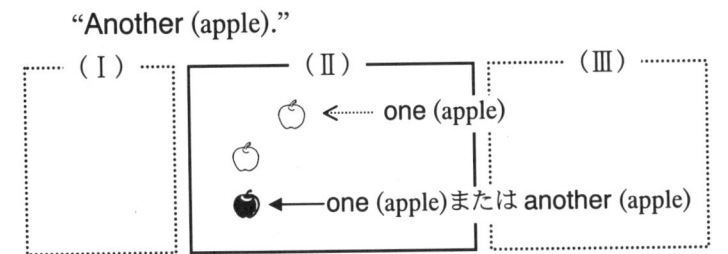

とよぶ。ところで，another は「an+other」を一つにまとめた形容詞だが，ここにある**不定冠詞**に注目してみるとおもしろい。「不定冠詞は，次にくる名詞が**複数ある**」という意味だった。つまり，「an+other」とは other とよべるりんごが**複数ある**という意味である。事実，りんごがあと一つ残っているではないか。おもしろいと思わない？

さて，最後に残ったりんごを何とよべばよいか。3－2＝1。

あと一つしかない（＝表Ⅰ）。だから，**定冠詞**をつかって，

"The other (apple)."

```
······(Ⅰ)······ ······(Ⅱ)······ ······(Ⅲ)······
                    🍎 ←------ one (apple)
     ┌─(Ⅰ)─┐
 the other ──→ ●
 ((one) apple)  🍎 ←------ one (apple)または another (apple)
```

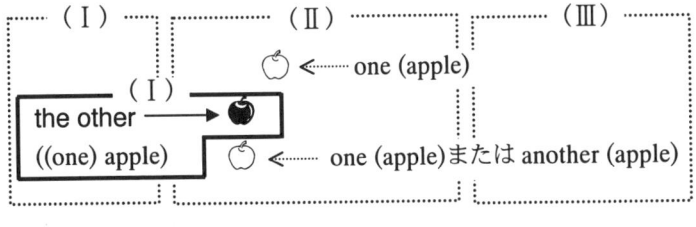

というのだ。

☺基礎をどんどん。これがコツ

りんごの数を4つと設定してみよう。

どれか一つ最初のりんごが（＝表Ⅱ），

"One apple."

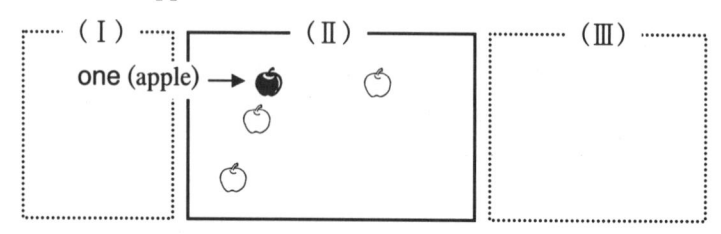

次の二つがそれぞれ（＝表Ⅱ），

"One apple." または "Another apple."

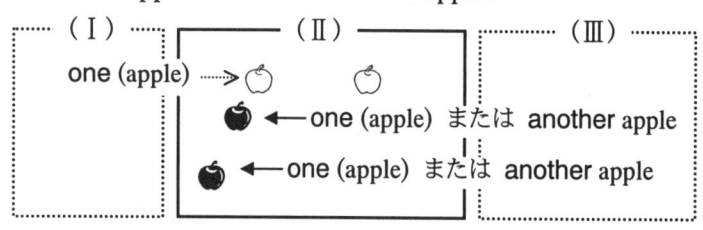

そして最後のりんごが（＝表Ⅰ），

"The other ((one) apple)."

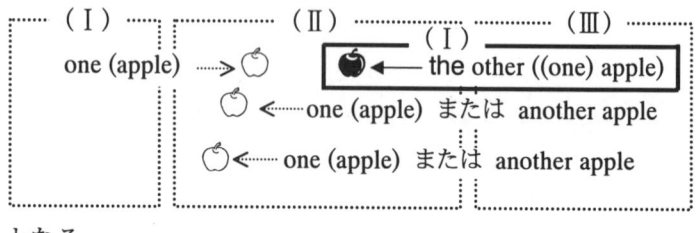

となる。

☺基礎がわかれば，他は皆同じ

5つと数を設定しても6つと設定しても，7つと設定して

も，つねに最後の一つが**定冠詞**（the other (apple)）であって，（ここがたいへんおもしろいのだが）残りはそれぞれ one 〜 あるいは another 〜と「**本当に数える＝表Ⅱ**」のである。

☺序数をつかって数えてみよう

ところで，（話は少しそれるが）このようにりんごの数がどんどんふえていくと，one 〜 あるいは another 〜とよぶ（本当に数える）だけでは，りんごの特定がむずかしくなる。そこで，このようなときは，**序数**(ordinal numbers)という「質をあらわす（とよんでよいだろう）形容詞」をつかうとよい。

りんごの数を二つと設定しよう。

まず「一個目のりんご」を選んでみることにしよう。どちらのりんごを「一個目のりんご」のりんごにする？ まだ選ぶ前の「一個目のりんご」には**不定冠詞**（＝表Ⅱ）をつかって，

"A first apple."

```
┌── (Ⅰ) ──┐ ┌────── (Ⅱ) ──────┐ ┌── (Ⅲ) ──┐
                       🍎
                🍎 ← a first apple
```

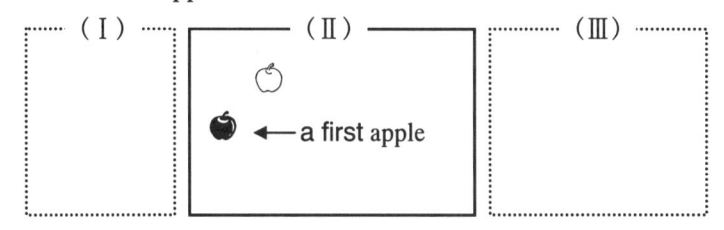

という（矢印←，70ページ参照）。

そのりんごを選ぶことにしよう。すると「一個目のりんご」はいくつある？ 一個にきまっている（＝表Ⅰ）。だから，そのりんごには**定冠詞**をつかって，

"The first apple."

または**所有格**をつかって,

"My first apple."

```
······(Ⅰ)······  ······(Ⅱ)······  ······(Ⅲ)······
                    🍎
                   ┌─(Ⅰ)──────────────┐
                   │🍎← the first apple │
                   │   または my first apple│
                   └──────────────────┘
```

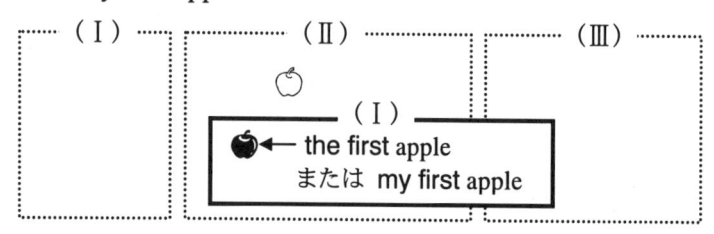

とよぶのである。

りんごはいくつ残ってる? 一つにきまっている(=表Ⅰ)。だから,そのりんごには**定冠詞**をつかって,

"The other apple."

というか,または「**定冠詞**または**所有格**+**序数**」で,

"The/My second apple."

```
······(Ⅰ)······  ······(Ⅱ)·····(Ⅰ)····· ······(Ⅲ)······
                 ┌────────────────────┐
                 │🍎← the other apple または│
                 │    the/my second apple など│
                 └────────────────────┘
                 ┌────────────────────┐
                 │🍎⋯ the first apple    │
                 │    または my first apple │
                 └────────────────────┘
```

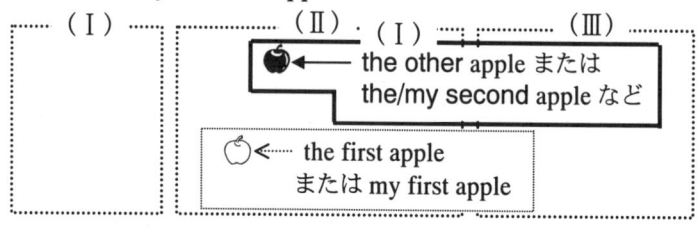

といってもよい。

☺序数についても基礎を怠らない

3個と設定してみよう。

一個目(a first apple)を選んだことにしよう。するとそのりんごはいくつある? **一個にきまっている**(=表Ⅰ)。だか

ら，そのりんごのことを**定冠詞**あるいは**所有格**で，

"The first apple."

"My first apple."

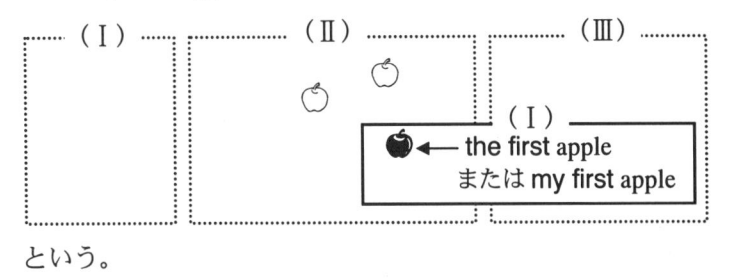

```
┌···(Ⅰ)···┐ ┌·······(Ⅱ)·······┐ ┌········(Ⅲ)········┐
                        🍎  🍎
                              ┌──(Ⅰ)──────────┐
                              │ 🍎 ← the first apple │
                              │    または my first apple │
                              └──────────────────┘
```

という。

☺序数だからといって定冠詞とはかぎらない

二個目になりえるりんごはいくつある？ 3−1＝2にきまっている。つまり，二個目になりえるりんごは**複数ある**（＝表Ⅱ）。英語でいうと，"There are two second apples." である。どちらのりんごを二個目のりんごにする？ そのりんごのことを**不定冠詞**で a second apple というのである（71ページ参照）。

☺序数はどの時点で定冠詞？

さて，二個目のりんごを選んだことにしよう。二個目として選んだりんごはいくつある？ **一個**にきまっている（＝表Ⅰ）。だから，そのりんごのことを**定冠詞**あるいは**所有格**で

"The second apple."

"My second apple."

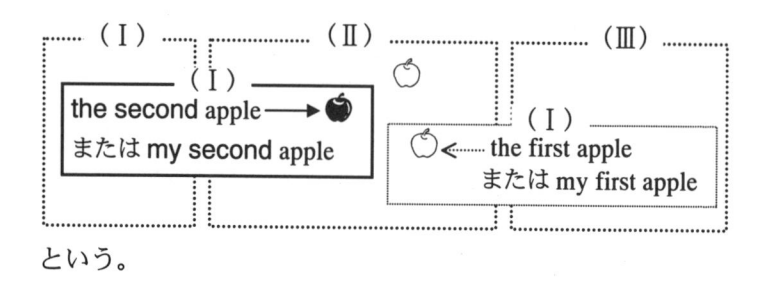

```
······ (Ⅰ) ·······   ······ (Ⅱ) ···············   ······· (Ⅲ) ········
       ┌─(Ⅰ)─────────┐           🍎
       │ the second apple → 🍏 │          ┌─(Ⅰ)──────────────┐
       │ または my second apple │          │ 🍏 ←······ the first apple │
       └──────────────────────┘          │     または my first apple   │
                                         └────────────────────────────┘
```

という。

◎序数はどの時点で定冠詞?

さて,りんごはいくつ残ってる? 一つにきまっている(=表Ⅰ)。だから,そのりんごには**定冠詞**をつかって,

　　"The other apple."

というか,または「**定冠詞**または**所有格**+**序数**」で,

　　"The/My third apple."

```
······ (Ⅰ) ·······   ······ (Ⅱ) ···············   (Ⅰ) ········ (Ⅲ) ········
                             ┌──────────────────────────────────┐
       ┌─(Ⅰ)─────────┐      │ 🍎 ← the other apple または      │
       │ the second apple ···> 🍏 │  the/my third apple              │
       │ または my second apple │   └──────────────────────────────────┘
       └──────────────────────┘          ┌──────────────────────┐
                                         │ 🍏 ←······ the first apple │
                                         │     または my first apple   │
                                         └────────────────────────────┘
```

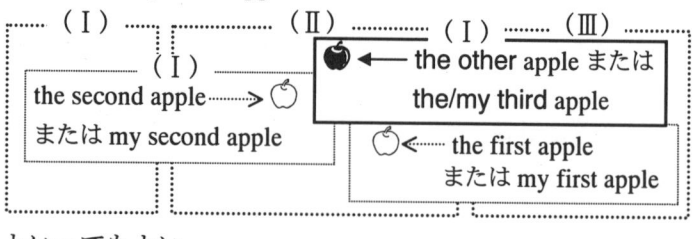

といってもよい。

◎基礎がわかれば,他は皆同じ

4個でも5個でも同じことである。ただし,3個以上からは最後のりんごを the other apple とよぶのなら, the/my last apple とよんだほうがよいかもしれない。

one の意味は「2以上」

「one 〜と本当に数える」に話をもどそう。

さて，one 〜とは，

「頭の中は複数，文章は単数」

という数え方なのだが，なぜ「頭の中が複数」だろう。

先の説明でわかっていただけたと思うが，one 〜と数えるためには，かならずほかにりんごが残っていた。残っていたから one 〜と数えることができたのである。だから，頭の中は複数！ 複数だから（整数をつかっていうと）簡単に，

「one の意味は，2以上」

といってもよいだろう。

ここで，不定冠詞の定義を思い出していただきたい。「次にくる名詞が複数ある」だった。けっきょく，これと同じことが one についてもいえるのがおもしろい。

それは，

「本当に数える one 〜の基本は，次にくる名詞が複数あるという意味である」

One の概念

「本当に数える」 one 〜 の基本は，次にくる名詞が複数あるという意味である

ということだ。そして，実はこの概念が 10 の数え方（可算名詞複数形＝本当に数える）ではたいへん興味ぶかい意味をもつのである。

文章の単数はいいよ。でも，頭の中も単数？

こで話をしばらく3の数え方（所有格）にもどして考えたいことがある。

『続・日本人の英語』の中でマーク・ピーターセン氏が，

　私：What did you do on Sunday?
　学生：I went to a movie.
　私：Who(m) did you go with?
　学生：I went with *my* friend.

という会話（太字体は筆者）を例につかって，

「友だちは一人しかいないの？」

と問いかけている。

まさにそのとおりだ。友だちが「一人」しかいないから，所有格＋単数形（＝表I）をつかう。つまり，

「頭の中は単数で，文章も単数」

もし友だちが複数いるのなら，頭の中は複数だから，

"I went with a friend of mine."

と不定冠詞をつかわなければならない。

ここで少し英作文をしてみよう。

「この人は私の友だちで，こちらも私の友だちです」

を英語で何といえばよいだろう。

"This is *my* friend, and this is *my* friend, too."

と英訳したとする。どこかおかしいと思わない？

まず，「この人は私の友だちで，………」を

"This is *my* friend ...."

というと「私には友だちが一人しかいない。この人がその一人しかいない友だちです」という意味になる。つまり頭の中は単数で文章も単数なのである（＝表Ⅰ）。「私」という人には友だちが一人しかいない。が、ここまではよい。「私」という人に友だちが一人しかいなくても、（チョッと疑問を感じて、友だちは一人しかいないの？と問いかけたくはなるが、だからといって）私たち（2人称・3人称）が、とやかくいう問題ではないからだ。

ところが、次がおかしい。

「………こちらも私の友だちです」

"... and this is *my* friend, too."

ここでも「私には友だちが一人しかいない」といっている。もう頭の中が混乱してしまって意味がわからなくなってしまうのである。

意味を考えないで文字だけみて訳す人が多い。このような人にかぎって、訳しおわってから自分の訳を正当化する。これじゃいけない。

「まず意味を考える！」

意味の原点が**名詞の数**なのだ。だから、つねにまず、

「**数を数える！**」

「この人は私の友だちで、こちらも私の友だちです」。これでもうすでに友だちが複数いるのだから**頭の中は複数**。だから、一人目の友だちは**不定冠詞**で、

"This is a friend."

または，その不定冠詞を説明して，

"This is a friend of mine."

This is <u>a</u> friend <u>of mine</u>.

という。これははっきりしている。問題はふたり目の友だちをどういうかだ。

合計で「二人」しかいないとき，合計で「3人あるいは3人を超える数」がいるとき，つまり合計で友だちが何人いるかで言い方がちがってくる。

☺どんなときにも数を数える。これがコツ

合計で友だちが「二人」しかいないときは，

"This is a friend of mine, and this is the other friend of mine."

という。しかし，これもあとで説明する「**数の設定**」がされ

<u>I do have</u> **two** hands; this is one of them.
「数の設定」

ていないという問題と，もうひとつ，「**現実との不一致**」という疑問が残るので，よい英文とはいえない。

☺「現実との一致＝無理のない数」を考える。これがコツ

友だちが合計で「3人あるいは3人を超える数」いるとき

は,

"This is a friend of mine, and this is another friend (of mine)."

という。こちらのほうが現実的な文だろう。

ところで, 二人目の友だちについて, なぜanotherがよいのだろう。考えていただきたい（179ページ参照）。

レフリーとストレス

「私のおじさん」

これを英語で何といえばよいだろう。

所有格を考えてみよう。いうまでもないが,「おじさん」だけでは単数なのか複数なのかわからない。「おじさん」が**一人**しかいなければ,

"... my uncle."

であることはすでに述べた（＝表Ⅰ）。**複数**いればとうぜん,

"... my uncle<u>s</u>."

である。まず, たったこれだけのことなのだが, どういうわけかこれが守れないでいる人が多い。

「私のおじさん」については,

"... my uncle."

"... my uncles."

"... one of my uncles."

"... an uncle of mine."

"... some of my uncles."

"... uncles of mine."

など，いろいろ言い方がある。そのほか one 以外の**数詞**をつかえばこれまたきりがない。「おじさん」の数を吟味しないまま *my* uncle だけではいけないよ。

英語で論文を書く人がいる。こんな人は論文を発表するまえにレフリーとよばれる人に英語を添削してもらう。多くの場合，添削してもらってはじめて発表できるのだが，いくらレフリーでもどの「私のおじさん」かわからないことがある。仕方がないので *my* uncle のままにしておくことが多いようであるが，これはレフリーに責任があるのではない。正しく添削したくても，それができないのだ。レフリーには気の毒なくらいストレスがたまることがある。これを忘れないでおこう。

「すべて」という意味をしっかり頭に入れておく

「おじさん」の数を**複数**と考えてみよう。まず，

"... *my* uncles."

を思いつく。ところで，**所有格＋複数形**（*my* uncles）とは何という意味だろう。

「**所有格のもとは定冠詞（＝表Ⅲ）**」

いつもこれを頭に入れておいていただきたい。〈私にはおじが複数います。これからいう人，または，これまでにいってきた人は**そのすべてです**〉という意味だ。つまり，「おじさん」が8人いれば8人すべてをさしている。所有格＋複数形は，基本的には，**その数すべて**を意味するのである。ただし，リズムやイントネーションによって意味がかわるので〈基本的には〉という（拙著『ジス・イズ・ア・ペン―発声と意味と抑揚』[石風社] 参照）。

また，8という数をはっきりさせたいときは，

"... my eight uncles."

と，まず所有格をつかったあとで eight uncles といえばよい。

☺さまざま選択肢を準備する。これがコツ

さて，

"... my uncles."

を基準に考えて，**そのうちの一人**なら，

"... one of my uncles."

であり，また，my uncles を**独立所有格**（mine）に置きかえて，

"... an uncle of mine."

と**不定冠詞**をつかってもよい。これも，8人のうちの一人である。**二人以上**なら，

"... two of my uncles."

"... three of my uncles."

など数詞をつかってもよいし，some をつかって，

  "... **some** of my uncles."

また，**無冠詞**をつかって，

  "... **uncles** of mine."

といってもよい。もちろん，数によっては，

  "... **many** of my uncles."

  "... **most** of my uncles."

8人すべてを強調して，

  "... **all** (of) my uncles."

でもよい。ようするに，**所有格＋複数形**（my uncle<u>s</u>＝mine）は，**8人すべてをさしている**という基本的な意味（＝表Ⅲ）をつねにしっかり頭に入れておこう。

英語でいってみよう「今日の子どもたち」

  「今日の子どもたち」

を英語でどういえばよいだろう。**所有格**（8の数え方）をつかって，

  "***Today's*** children ...."

というと「今日の子どもたち**すべて**」という意味（＝表Ⅲ）になるが，「すべて」をいいたいのなら，これでよい。しかし，いろいろ文を読んでいて，その文脈（context）から数の吟味をしてみると，かならずしも「すべて」でないことがよ

くある。そのようなときは，どういえばよいだろう。

まず考えられるのが**無冠詞**（6の数え方＝表Ⅱ）をつかっていう，

"Children of today ...."

無冠詞 children of today ....

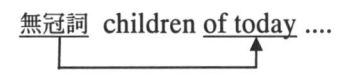

である。これはいろいろな場合によくつかう言い方だ。

そのほか，

"Some of today's children ...."

"Many of today's children ...."

など，some, many などをつかって（**本当に数える**＝10の数え方＝表Ⅱ）別の数を示してもよい（207ペ-ジ参照）。

◎覚えておけば便利なこと＝質をあらわす形容詞

さらにもう一つ重要な言い方を考えておこう。

それは大きくわけて，形容詞には，

「**数をあらわす形容詞**」と

「**質をあらわす形容詞**」

数をあらわす形容詞 ≠ 質をあらわす形容詞

があるということである（128～129ペ-ジ参照）。*Today's* は「数＝表Ⅲ」をあらわす形容詞だ。そこで，

"Present-day children ...."

"Modern-day children ...."

など，**質**をあらわす形容詞を考えてみることにする。そして次に**数**を数えるのである。

☺つねに数を吟味する⇒超級への道
　まず，**無冠詞**（6の数え方＝表Ⅱ）をつかって，
　　"Present-day children ...."
　　"Modern-day children ...."
定冠詞（7の数え方＝表Ⅲ）をつかって，
　　"The present-day children ...."
　　"The modern-day children ...."
ただし，*所有格*（8の数え方＝表Ⅲ）をつかった，
　　"*Today's* present-day children ...."
　　"*Today's* modern-day children ...."
という英語はない。数をあらわす形容詞（*Today's*）と質をあらわす形容詞が意味のうえで**重複する**からである。
　次に，**指示形容詞**（9の数え方＝表Ⅱ）をつかって，
　　"These present-day children ...."
　　"These modern-day children ...."
　そして最後に，
　　"Some/Many present-day children ...."
　　"Some/Many modern-day children ...."
と本当に**数える**（10の数え方＝表Ⅱ）。
　「今日の子どもたち」というからといって，これをすぐに**所有格**（8の数え方＝表Ⅲ）をつかって，"*Today's* chil-

dren ...." としてはならない。ほかにもいろんな言い方がある
からだ。

「**数を吟味する！**」

つまり，表Ⅱ・表Ⅲを吟味しながら数え方を決定するのである。

当たり前のことだけど理解してる？

では，また「**本当に数える**」にもどって，15の数え方を考えよう。もうここまできたら，あとは簡単だ。

だれでもよい。「私」にしよう。「私（という1人称）にはおじが8人いる」と仮定する。そのうちの二人なら，

"... two of my uncles."

または，

"... some of my uncles."

でもよい。

5〜6人なら，

"... many of my uncles."

6〜7人なら，

"... most of my uncles."

でよい。ここで，この4つの英語を次のようにいいかえてみよう。

"... two uncles of mine."

"... some uncles of mine."

"... many uncles of mine."

"... most uncles of mine."

それぞれ先の4つと意味が同じである。「本当に数える」ためのもっとも基本となる形は，この「**本当に数えるための形容詞＋名詞**」だといってよいだろう。

☺一言ひとこと話す言葉の役割を考える⇒超級への道

ところでこの4つには，それぞれ of mine という**制限的用法**の形容詞句がつかわれているが，なぜだろう。理由は簡単。まず所有格の意味「よそのおじさんではありません。私のお

---
of my eight uncles ⟹ of mine

じです」。次に数「わたしにはおじが8人いるのです」。このふたつをはっきりさせるための形容詞句が of mine である。所有格（私の）と数（8人）がはっきりした。その上での，二人／5〜6人／6〜7人なのだ。

☺数の概念⇒超級への道

ここで，**数**について何かおもしろいことに気がつかないだろうか。

"... two uncles of mine (＝ of my eight uncles)."

について考えてみよう。two と8人（eight uncles）との関係

二人だから二人でない。8人いるから二人

である。two 〜 の基本は,

「おじが二人いるから *two* uncles ではない。**8人（eight uncles）いるから two uncles という**」

これ, おもしろくない？ おもしろくなくてもよい。だけど, これは大切な概念だということは覚えていただきたい。

前に one については,

「本当に数える one 〜 の基本は, 次にくる名詞が<u>複数ある</u>という意味である」

ということをお話しした。「複数」とは簡単にいうと, 2以上という意味である。つまり, 何かが一つあるから *one* というのではない。**二つ以上あるから one とよぶのだ。**

これと同じことが,

"... two uncles of mine (＝of my eight uncles)."

の two についてもいえるのである。

「本当に数える two 〜 の基本は, 次にくる名詞が<u>2を超える数</u>あるという意味である」

---------- **Two の概念** ----------

「本当に数える」two 〜 の基本は, 次にくる
名詞が<u>2を超える数</u>あるという意味である

☺**つねに「数」にたいして慎重な心⇒超級への道**

"... some uncles of mine (＝of my eight uncles)."

の some についても同じく,

「本当に数える some 〜 の基本は, 次にくる名詞が <u>some</u>

を超える数あるという意味である」

----- **Some の概念** -----

「本当に数える」some 〜 の基本は，次にくる
名詞が <u>some を超える数</u>あるという意味である

☺「数」を深く考える⇒超級への道

"... many uncles of mine (=of my eight uncles)."
の many についても，

「本当に数える many 〜 の基本は，次にくる名詞が <u>many を超える数</u>あるという意味である」

----- **Many の概念** -----

「本当に数える」many 〜 の基本は，次にくる
名詞が <u>many を超える数</u>あるという意味である

☺「数が意味の要(かなめ)」⇒超級への道

"... most uncles of mine (=of my eight uncles)."
の most についても，

「本当に数える most 〜の基本は，次にくる名詞が <u>most を超える数</u>あるという意味である」

----- **Most の概念** -----

「本当に数える」most 〜 の基本は，次にくる
名詞が <u>most を超える数</u>あるという意味である

といえる。何だか当たり前のことのようであるが，なぜかこ

の当たり前のことがよく理解できていない文をよく目にしたり聴いたりする。

基本的な数え方

私（という1人称）にはおじが「3人しかいない」のであれば，

"My three uncles...."

であるが，「3人を超える（4人以上）」であれば，

"Three uncles of mine...."

という。だから，"my three uncles" と "three uncles of mine" とは意味がちがうのだ，ということをしっかり意識しておかねばならない。

☺意味の差をしっかり確認しておこう

ところで，くだもの屋さんで「りんご3つください」と英語でいってみよう。

"Give me three apples."

というが，けっして，

"Give me three apples *of yours*."

Give me three apples (*of yours*).

とはいわない。なぜだろう。答えは簡単。くだもの屋さんには、りんごが3を超える数（4つ以上）あるのは当たり前のことと考えてよいからである。だから、いちいち形容詞句（*of yours*）をつかう必要がない。

逆に、くだもの屋さんでまちがって、

"Give me *your three* apples."

なんていって所有格（＝表Ⅲ）をつかったら、くだもの屋さん、かんかんになって怒るかもしれない。だって、「くだもの屋さん、お宅のお店には、りんごは3個しかないんでしょ。その3個全部ちょうだい」といってるんだから。「3個しかなくって、くだもの屋はできない！」といって怒るでしょうよ。

☺定冠詞でしめす数の意味。復習かねて勉強しておこう

さて、ここにりんごが一つあると設定しよう。するとこのりんごは *one* apple ではない。**定冠詞**をつかって the apple

```
┌─(Ⅰ)─┬┈┈(Ⅱ)┈┈┬┈┈┈┈┈(Ⅲ)┈┈┈┈┈┐
│     ┆          ┆                    ┆
│  🍎 ← the apple または it          ┆
│     ┆          ┆                    ┆
```

とよぶと前に話した。

りんごが二個あると設定しよう。この二個をどうよべばよいだろう。*two* apples ではない。なぜ？ 3個以上ないからだ。ピンとくる？ この二個は、**定冠詞**あるいは**所有格**をつか

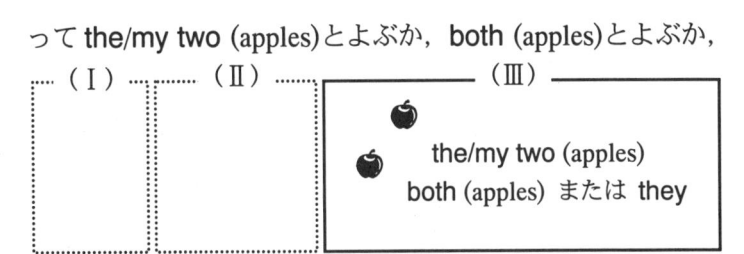

って the/my two (apples)とよぶか, both (apples)とよぶか,

```
····(Ⅰ)····┬····(Ⅱ)·······┌──────(Ⅲ)──────┐
           │               │        🍎      │
           │               │  🍎            │
           │               │   the/my two (apples)
           │               │   both (apples) または they
           │               └────────────────┘
```

人称代名詞 they でもよい (=表Ⅲ)。

　りんごが3個あれば,この3個を何とよぶのだろう。*three apples* ではない。なぜ? 4個以上ないからだ。この3個は**定冠詞**または**所有格**をつかって the/my three (apples)とよ

```
····(Ⅰ)····┬····(Ⅱ)·······┌──────(Ⅲ)──────┐
           │               │        🍎      │
           │               │  🍎  the/my three (apples)
           │               │  🍎  all (the (three) apples)
           │               │      または they
           │               └────────────────┘
```

ぶか, all (the (three) apples)とよぶか, they でもよい。

　りんごの数を4と設定しよう。この4個は *four* apples ではない。5個以上ないからだ。the/my four (apples), または

```
····(Ⅰ)····┬····(Ⅱ)·······┌──────(Ⅲ)──────┐
           │               │    🍎  🍎     │
           │               │  🍎  the/my four (apples)
           │               │  🍎  all (the (four) apples)
           │               │      または they
           │               └────────────────┘
```

all (the (four) apples), または they とよぶ。

☺無冠詞・定冠詞でしめす数。復習かねて勉強しておこう

さて,もう一度りんごを3個と設定してみよう。まず,最初の二個を何とよべばよいだろう。この二個が two (apples)

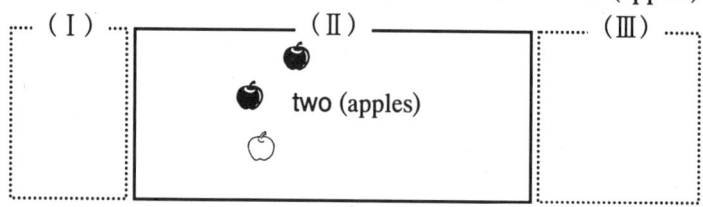

[(I)] [(II) two (apples)] [(III)]

なのである。りんごが3個あるからだ。

そして,残りの一個(=表I)を the other ((one) apple)

[(I)] [(II)] [(III)]
[(I) the other ((one) apple)]

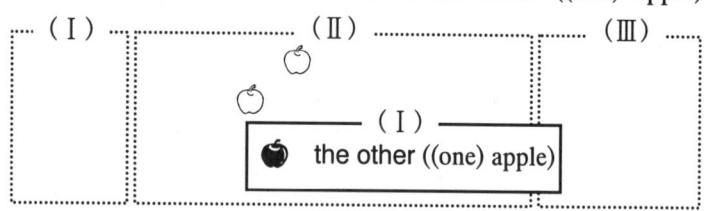

とよんでもよいし,the remaining ((one) apple)とよんでもよい。ただし,こんごここでは other をつかう。

4個と設定してみよう。最初の3個を何とよぶか。three (apples)である。4個あるからだ。そして残りの一個(=表I)

[(I)] [(II) three (apples)] [(III)]
[(I) the other ((one) apple)]

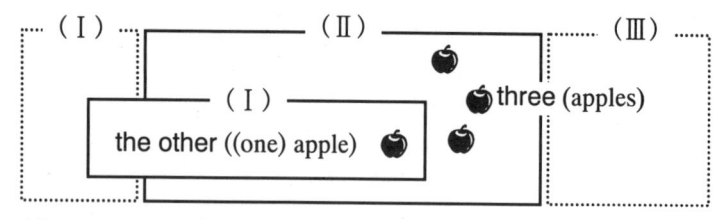

が the other ((one) apple)。

5個と設定してみる。最初の4個は? 5個あるから four

```
···(Ⅰ)···  ┌──────(Ⅱ)──────┐  ·······(Ⅲ)·······
          │         🍎 🍎    │
          │  ┌──(Ⅰ)──┐  🍎   │  four (apples)
          │  │ the other ((one) apple) 🍎 │  🍎 │
          │  └────────┘      │
```

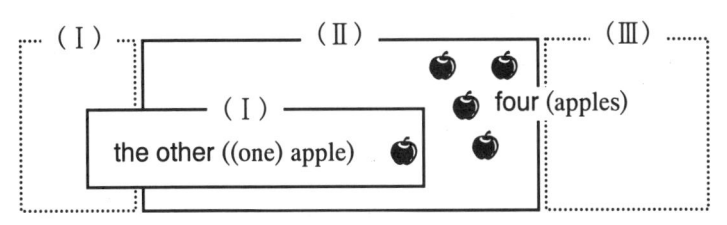

(apples)で,残り(=表Ⅰ)を the other ((one) apple)とよぶ。
何てことはない。

☺無冠詞・定冠詞でしめす数。再確認しておこう

 もう一度5個と設定して,最初の3個はどうだろう。3を超える数あるから three (apples)である。

 そして,残りの二個(=表Ⅲ)を the other (two) apples

```
···(Ⅰ)···  ┌──────(Ⅱ)──────┐  ·······(Ⅲ)·······
          │          🍎       │
          │  three (apples) 🍎  🍎  🍎 🍎
          │          🍎       │
          └──────────────────┘

···(Ⅰ)···  ·········(Ⅱ)·········  ┌──(Ⅲ)──┐
              🍎                  │🍎  the other (two) apples│
              🍎                  │        または the others │
              🍎                  │🍎                      │
                                  └────────────────────────┘
```

または the others とよぶ。

 6個と設定してみよう。最初の二個は? two (apples)。次の二個は? two (apples) または another two (apples) または two more apples。残りは? the other (two) apples また

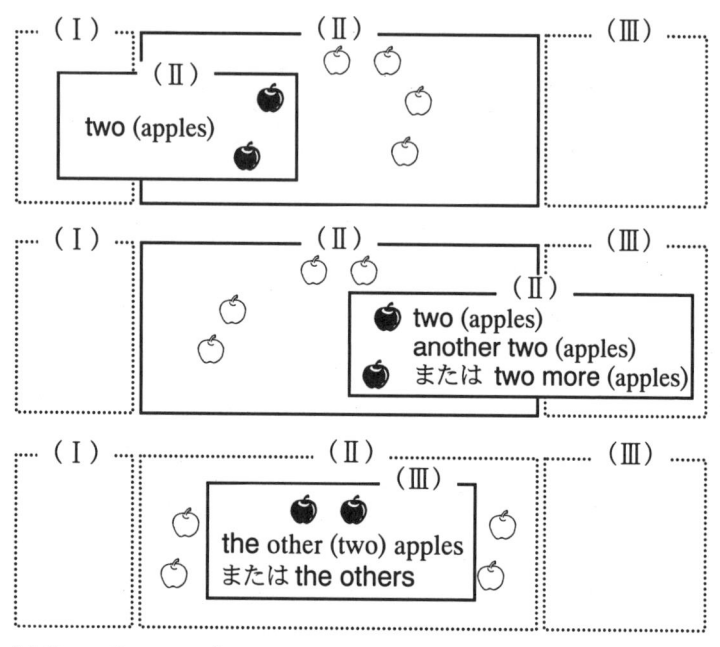

```
····(Ⅰ)····┌────(Ⅱ)─────┐··········(Ⅲ)·····
:         ┌──(Ⅱ)──┐ 🍎              :
:         │ two (apples) 🍎 🍎       :
:         │              🍎          :
:         └──────────────┘ 🍎        :
```

```
····(Ⅰ)····┌─────(Ⅱ)──────┐···(Ⅲ)·····
:           🍎 🍎  ┌──(Ⅱ)──────────┐ :
:         🍎      │🍎 two (apples)  │ :
:                 │  another two (apples)│
:                 │🍎 または two more (apples)│
:                 └─────────────────┘ :
```

```
····(Ⅰ)····┌─────(Ⅱ)──────┐···(Ⅲ)·····
:         🍎  ┌──(Ⅲ)──────┐ 🍎       :
:            │ 🍎 🍎        │          :
:            │ the other (two) apples│  :
:            │ または the others    │ 🍎:
:            └──────────────┘        :
```

は the others である。

☺定冠詞（表Ⅲ）でしめす数。再確認しておこう

　ここまで基本的なことを話してきた。ここで少し方向をかえてみよう。もう一度６個と設定してみる。変な質問だけど

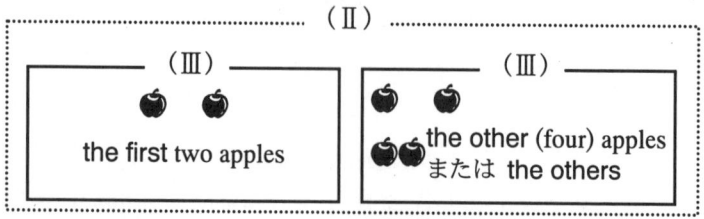

```
·····················(Ⅱ)·····················
┌────(Ⅲ)─────┐   ┌─────(Ⅲ)──────┐
│  🍎 🍎         │   │ 🍎 🍎              │
│ the first two apples│  🍎🍎 the other (four) apples│
│               │   │     または the others│
└───────────────┘   └───────────────────┘
```

最初の二個はいくつある？　二個にきまっている。だから定

冠詞をつかってよいが，そのときは**序数**（ordinal numbr）をつかって the first two (apples)とよんでもよい。そして残りは the other (four) apples または the others とよぶ。

6個の場合，最初の二個を the first two (apples)とよんだが，次の二個はどうだろう。いくつある？ 二個にきまっている。だから，定冠詞をつかって（ただし形容詞 next といっしょに）the next two (apples)とよんでもよい。

```
............................ （Ⅱ）............................
: ┌──（Ⅲ）──┐  ┌──（Ⅲ）──┐  ┌──（Ⅲ）──┐ :
:      🍎 🍎             🍎 🍎             🍎 🍎       :
:   the first two        the next two         the others   :
..............................................................
```

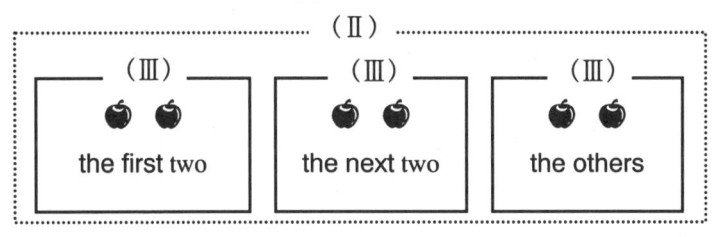

いろいろよびかたはあるが，まず基本的なことはわかっていただけただろう。

☺無冠詞（表Ⅱ）・定冠詞（表Ⅲ）でしめす数。再確認しておこう

ここで some, many, most について考えてみよう。

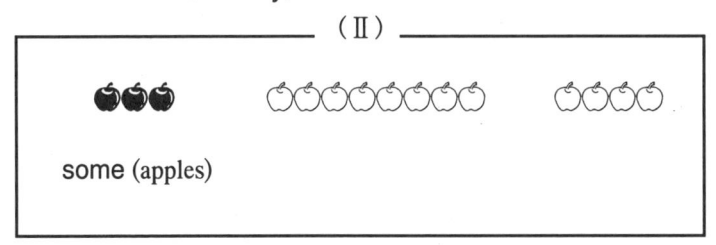

```
──────────── （Ⅱ）────────────
   🍎🍎🍎         🍏🍏🍏🍏🍏🍏🍏       🍏🍏🍏🍏

   some (apples)
────────────────────────────────
```

りんごの数を 15 個と設定してみる。最初の数個を some (apples)という。なぜか？ 当たり前のことだが，全体として

someを超える数のりんごがあるからだ。

次の数個はどうだろう。これもsome (apples)または、こ

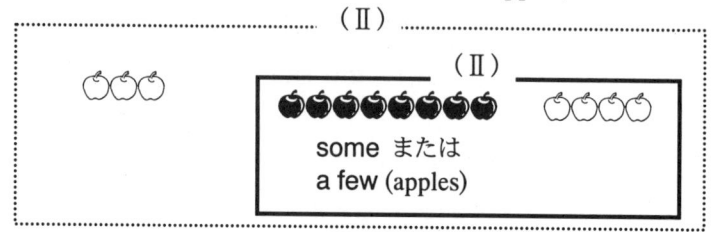

```
................(Ⅱ).................
:           ┌──────(Ⅱ)──────┐      :
: 🍎🍎🍎   │ 🍎🍎🍎🍎🍎🍎🍎  🍎🍎🍎🍎 :
:           │  some または          :
:           │  a few (apples)       │      :
:           └───────────────┘      :
..................................
```

の絵の場合、少し数が多くなっているのでa few (apples)もよいだろう。そうである理由は簡単。残りのりんごをふくめてsomeまたはa fewを超える数があるからだ。

残りのりんごは？ 定冠詞と複数形をつかってthe others

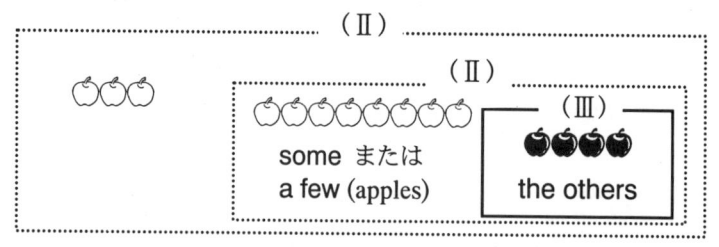

```
................(Ⅱ).................
:           ┌──────(Ⅱ)──────────┐  :
: 🍎🍎🍎   │ 🍎🍎🍎🍎🍎  ┌─(Ⅲ)─┐│  :
:           │              │🍎🍎🍎🍎││  :
:           │ some または   │        ││  :
:           │ a few (apples)│the others││  :
:           └──────────────┴────────┘  :
..................................
```

（ほかにも言い方はあるが）でよい。では、なぜ定冠詞（＝表Ⅲ）になるのだろうか。それは残りが、もうそれ以上ないからである。

ところで、はっきりいくつとわからない残りの数について、なぜ定冠詞をつかうのだろう。これも理由は簡単。残りは3個かもしれない。4個かもしれない。正確な数字はわからないが、もともと15個とりんごの数を設定していたのだから、ある程度の数がぼんやりとでも頭にうかぶ。だから定冠詞を

☺ some と many でしめす数。確認しておこう

りんごの数を30個と設定してみよう。最初の数個は some

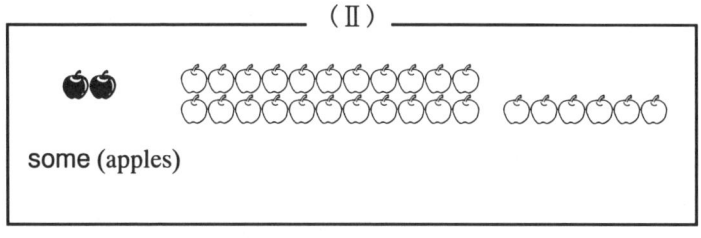

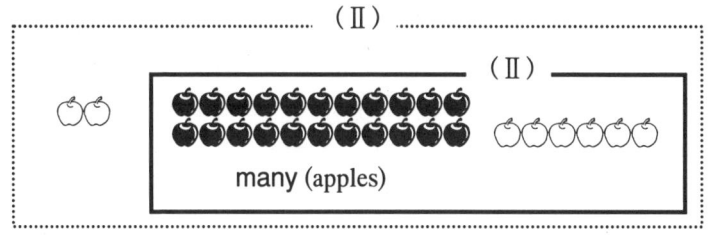

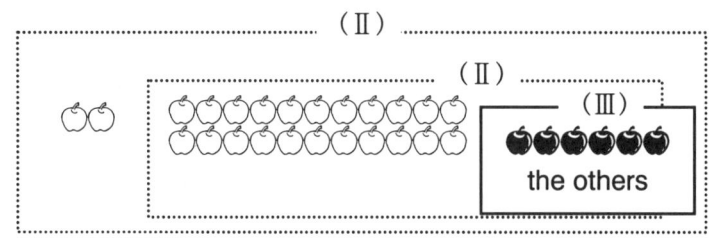

―――――――――――（Ⅱ）―――――――――――

some (apples)

―――――――――――（Ⅱ）―――――――――――
　　　　　　　　　　　　　　　　　（Ⅱ）

many (apples)

―――――――――――（Ⅱ）―――――――――――
　　　　　　　　　　　　　　　　　（Ⅱ）
　　　　　　　　　　　　　　　　　　　　　（Ⅲ）

the others

(apples)であるが，次の20個（あるいは約20個）は？ many (apples)なのだが，その理由は？ 残りのりんごを加えると many を超える数のりんごがあるからである。

そして残りのりんごは the other apples または the others と**定冠詞**をつかう。

☺ many と most の意味の差を確認しておこう

many については，ただ一つ注意しておかなければならないことがある。それは，話題によっては小さい数字でも many といえることである。100 の中の 2 は some のときもあるし，話題によっては many かもしれない。**many とはたいへん主観性のつよい数をあらわしている**といってよいだろう。しかし，だからといって，many を乱用してはいけない。many をつかう以上，客観的に相手が「う〜ん，これなら，なるほど多い！」という根拠をいっておかなければいけない。ただ自分一人で many といっても説得力に欠けることがあるわけだ。

many に対して **most は，もともと客観性がある**。100 の中の 2 は，けっして most ではない。99 に近い数であってはじめて most といえる。これも当たり前のことなのだが，意外と意識していない英文に出くわすことがある。

☺ the others と others の意味の差も確認しておこう

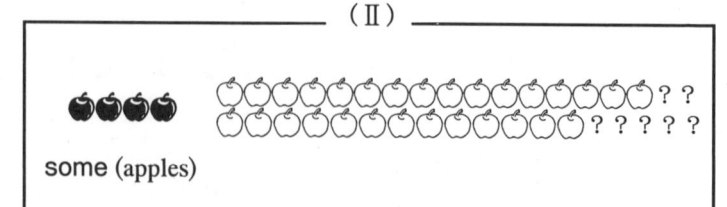

―――――――――（Ⅱ）―――――――――

🍎🍎🍎🍎　🍏🍏🍏🍏🍏🍏🍏🍏🍏🍏🍏🍏🍏🍏??
　　　　　　🍏🍏🍏🍏🍏🍏🍏🍏🍏🍏🍏🍏🍏?????

some (apples)

―――――――――――――――――――――

ところで，「正確な数はわからないが，りんごがたくさんある」と数の設定をしてみよう。最初の数個は先と同じように some (apples) であるが，さて残りをどうよべばよいだろう。

もともと，正確な数はわからないのであるから，残りの数も正確ではない。だから定冠詞がつかえない。*the* others とか *the* other apples とかよべないのである。

答えは，表Ⅱあつかいであるということだ。つまり，冠詞

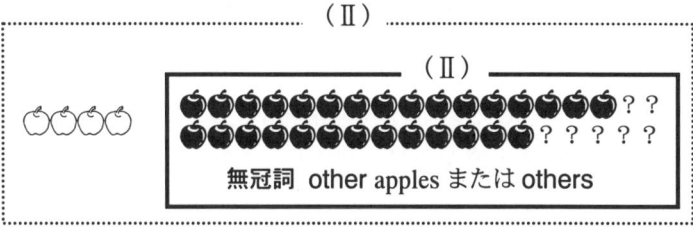

（Ⅱ）

```
               ┌─────────────（Ⅱ）─────────────┐
               │ 🍎🍎🍎🍎🍎🍎🍎🍎🍎🍎🍎🍎🍎🍎？？ │
🍏🍏🍏🍏        │ 🍎🍎🍎🍎🍎🍎🍎🍎🍎🍎🍎？？？？？ │
               │      無冠詞 other apples または others │
               └──────────────────────────────┘
```

は**無冠詞**。無冠詞をつかって，other apples または others という。

これもついでに覚えておこう。

数の混乱

「なかにはキリスト教を信じている人もいるし，なかにはヒンズー教を信じている人もいる」

を英語でいってみよう。

「なかには」という言葉。これは全体の数は不明であるが，many という数を設定した（と仮定する）なかで少ない数を意味している。だから，some をつかって，

"Some (people) believe in Christianity, and some (people) believe in Hinduism."

といえばよい。

ところで，英語では some は some であって，どんなことがあっても many ではない。まして most や all であるはずがない。some ≠ many ≠ most ≠ all という不等式

some ≠ many ≠ most ≠ all

が，厳然と成立しているのが英語である。

数をあらわす形容詞だけではない。「動詞の起こり得る頻

sometimes ≠ often ≠ usually ≠ always

度をあらわす副詞」についても sometimes ≠ often ≠ usually ≠ always のとおり，すべて不等式であり，それぞれはっきり区別してつかうのが英語なのである。

ところが日本語はおもしろい。some, many, most, all それに sometimes, often, usually, always の区別がはっきりしていない。some が many の意味であったり，most を all の感覚でつかったり，sometimes というからそのつもりで聴いていると often や usually の意味であったりする。

「映画にはよく行くの？」

「うん，ときどきね」

という会話は日本語では成立するかもしれないが，

"Do you often go (to) see (the) movies?"

"Yes, sometimes."

という英語の会話は成立しない。Yes といえば "Yes, I often

do." の意味であって，("Well, sometimes." ならよいが）"Yes, sometimes." とか，まして "Yes, but sometimes." など

> ***"Yes, but ...."* というエイゴはありません**

は，さっぱり意味がわからない。意外とこんな英語を読んだり聞いたりするのである。

　ここで，母と子の会話を想定してみよう。

　「そんな服装しちゃおかしいよ。笑われるかもよ」

　「だって，そんな人めったにいないもん」

　「みんな，ちゃんとした格好してるでしょう」

　「そんなことないわ。これ，はやってるんだから」

　「だけど，お母さんがみてると，たいてい，ちゃんとした格好してるわよ」

　「お母さんにはわかんないのよ。はやってるんだから」

　「あなたったら，お母さんの感覚が古いと思ってるの？

だれもそんな格好してる人はいないでしょう」
　「だって…………」
　「いいわけはよしなさい。とにかくそんな格好はダメ！」
　流行を追いたい娘の気持ちはわかる。それに歯止めをかけたい親の気持ちもわかる。しかしそれは別としてこの会話を英語の「数」感覚でとらえるとさっぱり意味がわからない。まったく不思議な会話である。
　「笑われるかもよ」。これは「笑う人が（なかには）いるかもよ」という意味だ。だから some なのだが，実質的な some の数は二通りに解釈できるようだ。ひとつは日本人の「恥の文化」を考えたときの some の数であり，もうひとつは英語の数意識から解釈する some の数である。
　「恥の文化」では，ひとりでも笑う人がいればそれは恥なのである。この意味で some は，たしかに少ない数をあらわしている。娘はいう。
　「だって，そんな人めったにいないもん」
　母親の some（少ない数）よりもさらに少ない数を強調しようとしているのだ。
　いっぽう，これを英語の数意識にもとづいて解釈してみるとおもしろい。「笑う人が（なかには）いるかもよ」というのは some だから，
　　"Some (people) may 'laugh' at you."
である。「笑われたっていいじゃないか。笑う人がいたとしても，どうせ数は少ないのだから」というのが英語の感覚だ。

some はもともと数が少ないのだから，英語の世界でなら娘はきっと，

「それがどうしたの？ 笑う人（some）がいたっていいじゃない。むしろほかの人（many, most, others）は，ほめてくれるかもしれないもん」というだろう。ところが，先の会話で娘は，

「だって，そんな人めったにいないもん」

と答えている。some はもともと少ない数なのだから「めったに笑う人はいない」といちいち反論する必要がないものを，わざわざ反論している。ここが英語の数意識ではわからない。「めったに笑う人がいない」と反論すればするほど，笑う人が some とよべる（よんでよい）数だけ存在することを認めているからである。

とにかく日本語はたいへんおもしろい数のとらえ方をする。「だれだれさん，病気だって。チョッと心配ね」といったときの「チョッと」は，けっして少ない数・量をいっているのではない。本当に少ない数・量であれば失礼な話だ。このときの「チョッと」は多い数・量を意味している。

ここで私の独断と偏見を許していただければ，どうも（英語の数意識から考えて）母親の some は many の意味であって，娘も many と解釈しているような気がしてならないのである。おそらく日本人の「恥の文化」を知らない（理解できない）外国の方々は，私と同じように many の意味で解釈するのではなかろうか。そのほうが娘の「だって，そんな人め

ったにいないもん」という反論を理解しやすいのである。つまり，「many ではない。some だ。それも hardly anybody に近い some なのだ」と娘は反論しているように思えるのである。

「笑う人が（なかには）いるかもよ」の数が，英語では some か many かの議論は別として，次にいこう。

「みんな，ちゃんとした格好してるでしょう」という。「みんな」というのは everybody つまり all なのだが，すぐそのあとで，

「たいてい，ちゃんとした格好してるわよ」といっている。「たいてい」とは almost everybody つまり most である。ここですでに all と most は等しいという感覚で母親は話している。するとまた，

「だれもそんな格好してる人はいないでしょう」という。Nobody を肯定文で逆にいえば "Everybody is dressed properly." であるから all の意味。つまり母親の思考には all＝most（＝all）という等式が成り立っているのである。

〈お母さんのいうこと，おかしい！〉と娘が思うのは当たり前のことだ。だって論理的でないのだから。娘が，

「だって………」といいながら母親の矛盾を指摘しようとすると，これが親の権威にまかせた腹立ちまぎれの押しつけというのかな（私にはわからない）。

「いいわけはよしなさい！」。いいわけしようとしているのではない。論理正しく説明しようとしているのに………。こ

れじゃ無茶苦茶だ。子どもがかわいそう、と私は思うのである。

さて、この母親の思考の中には、はっきりとした数の区別がない。が、実はこれはこの母親にかぎったことではない。英語の数意識からみると、日本語思考には正確な数意識が欠けている。日本語は情緒的でむずかしい言語である。英語は単純に言葉通り理解すればよい。けっして日本語の感覚で英語の「数」をとらえてはいけない。

あとがきにかえて

地道に努力をつづけていただきたい

　友人から聞いた話である。二週間ばかり英国に語学留学をした人がこういったそうだ。
　「英語はひとつも上達しなかったけれど，冠詞が大切だということだけはわかった」
　うれしかったね。たった二週間で冠詞の重要性がわかったというのだから。
　「それはよかった。でも，どうしてそれがわかったの？」
ときくと，
　「冠詞の授業が，なんどもあったらしい」ということであった。
　冠詞を教えてくれる授業があるなんて，すばらしいことではないか。そんな授業なら私も出席してみたいと思ったのである。
　実はこの本でも冠詞をあつかった。もちろん冠詞ばかりではなかったが，読者の皆さんにも冠詞で何か新発見があったことを期待している。それだけでもこの本を読んでくださった価値があるし，これ以上うれしいことはない。

「まえがき」で，冠詞は超級の話題であるとのべた。私たち日本人にとって超級とはその名のごとくはるか高いレベルであろう。だからといって冠詞をおろそかにしてよいという理由にはならないのである。

　本書では，15通りの数え方をのべてきた。実際には，まだもう少しくわしい数え方がある。しかし，それをのべるとさらに混乱が考えられると思われるので省略したのである。15通りの数え方でも，そうは簡単に身につくことではないかもしれない。しかし，日頃の努力はかならずや報いられると私は信じるのである。

　英語を書いていただきたい。英語を話していただきたい。英文日記をつけたり，外国の方々と文通したり，英語で作文を書いて英語の先生に添削していただいたり，できることは数多くある。

　少しくらいまちがいがあってもかまわない。お友だち同士で英語を話してみる。それを定期的に長くつづける。話すときは，まず，できるだけたくさん話すようにする。本当は量だけではいけないけれど，最初はそれでもかまわない。

　そうした努力をつづけていく中で，冠詞やその他の数え方が少しずつ身についていくのである。

　あせることはない。時間をかけて地道に努力をしていただきたいのである。また，本書については何度もなんども繰り返し読んでいただきたいとも思っている。

最後になったが，この本を書くにあたり多くの方々の御協力をいただき，また御知恵も拝借した。特に，出版に際し多大な援助を下さった東屋宇部コンクリート工業株式会社社長・ESC 西田透英語学院 OB 会会長　末松大吉氏，著者のつたない日本文の推敲および本文中のイラスト作成に貴重な時間を費やしていただいた日高節子さん，コンピューターによる編集作業の過程で貴重なお時間をさいて幾度もいくどもご指導くださった愛媛大学助手・工学博士　松永真由美氏，出版を快諾して下さった開拓社取締役出版部長の山本安彦氏には感謝してやまない。末筆ながら，心より御礼申し上げる。

　2000 年 3 月

著　者

付　録

著者との「冠詞あれこれ」対談

日高：たいてい日本人が英語を話すときには，冠詞がめちゃくちゃになってると思うんですが，**冠詞がちょっとまちがったぐらいでは大した問題ではないのではないかと思っていました。**この点について，本の内容と重複するところがあるかもしれませんが，もう一度，簡単に考えをお聞かせください。

西田：冠詞をまちがえるというのは，じつは大きな問題なのです。しかし，それは本の中でものべたとおり超級者あるいは超級をめざす人の問題であって，**初級・中級の方々にとっては大した問題でなくてよいのは事実です。**

　こういうふうにいってしまうと申し訳ないのですが，**日本での英語教育は中級者をつくることを目的としているといってよいでしょう。**これが現状であるかぎり，たしかに超級のレベルである冠詞をとやかくいう必要がないといってしまえば，それはそれなりに論理的な説明になるのでしょうが，インターネットが普及している今ほど英語が地球的規模で重要になりつつある時代はかつてなかったわけです。**中級の英語力で事足りる時代は終わろうとしている**といってよいのではないかと思

っています。少なくとも上級，できれば超級という時代に入ろうとしている時代に生きているわけです。**超級の話題（冠詞）に心を開いていただきたいと思っているわけです。**

日高：この本を読んで冠詞の重要性にはじめて気がつきました。ネイティブの人が**おかしな冠詞の文章を聞けば**どう感じるのでしょうか？ 通じないこともあるんでしょうね。

西田：日本にお住まいで英語を母国語としていらっしゃる方々は，すべてといってよいでしょう，日本人という外国人の英語を聞き慣れていらっしゃる方々ばかりです。こういう方々のことを sympathetic listeners とよびますが，こういう方々には冠詞を少しぐらいまちがえても通じないということはありません。そういう意味では冠詞をそう気にすることはないのですが，内容が込み入ってくれば（＝上級）正確には通じていないのも事実です。

日高：アメリカ人と結婚し，10年以上アメリカに住んでいる日本人の女性がいるのですが，そのご主人がおっしゃるには「ケイコ［仮名］の英語を聞いていると頭がいたくなる」ということらしいんです。どうもいつも冠詞をまちがえているのが原因のようだというのですが，永くアメリカに住んでいても冠詞が身につかないというのは，や**はり冠詞についてはきちんと専門的に勉強しておかなければならないということなのでしょうか。**

西田：まず，「頭がいたくなる」原因なのですが，かならずしも冠詞が原因であるとはいえません。むしろ，**音調**といって tone of voice が問題であることの方が原因であると考えた方がよいでしょう。冠詞（articles）や文体（texttype）については sympathetic listeners も聞き慣れてくるのですが，音調までも聞き慣れるには相当の忍耐が必要なのです。

　ところで，冠詞についてですが，「アメリカに永く住んでいるから冠詞が理解できて，きちんと使えるようになる」というわけにはいかないでしょう。もちろん，小さい頃からずっとアメリカならアメリカに住んでいる人たちは別ですが，成人してからいくら永く住んでいてもそう簡単には冠詞を正確に使えるようにはならないといってよいでしょう。

　そういう意味で，**冠詞については，きちんと勉強をなされることをお勧めいたします。**

日高：先生はどのようにして冠詞を勉強なさったのですか。

西田：何をどう教えるかを毎日のように考えています。生徒の英語を聴いたり，生徒の作文を添削していると，どの人もどの人も系統的に（といってよいでしょう）まちがうところがほとんど同じであることに昔から気がついていました。そこのところを指摘し指導すればよいわけですから，ここから冠詞の勉強がはじまったといってよいでしょう。

まず、冠詞について生徒が読んでいると思われるものに目をとおしてみることからはじめました。しかし、残念ながら指導方法としては妙案が浮かぶことはありませんでした。

いろいろ考えました。それはそれは**考えて考えて**、それでもまた考えました。考えることの連続でした。寝ているときも考えていたといってよいでしょう。文字通り、寝ても覚めても考えました。

体系的でなければならない。生徒が理解しやすい思考方法でなければならない。それを目標に考えて考えて考えたのです。

あるとき、ふと思いついたのが、この本で取り上げた**15通りの数え方**です。このときは興奮しました。胸がドキドキしていたのを覚えています。

それから、この15通りの数え方について吟味することになったのです。吟味すればするほど、これはまちがいなく**便利な数え方**であるということに確信をもつようになりました。

もちろん、今も毎日、英語の勉強をつづけています。私の教科書は新聞［英字新聞］なのですが、当時は勉強というよりも勉強しながら「数え方の吟味」をしていたわけです。

日高：冠詞の勉強方法について、何か**アドバイス**をお聞かせください。

西田：本のなかで，いろいろアドバイスをしてきたつもりなので重複しないようにお話しするとすれば，英語を話しながら**聞き手の表情**（facial expression）に注意するというところでしょうか。

　きちんと通じていないときには，聞き手の表情に変化が見られます。冠詞だけが原因ではないのでしょうが，冠詞が原因であることも多いわけですから，そういう体験をとおして冠詞を身につけていくことも重要なのではないでしょうか。

　つまり，この本で学んだことを実践してみる。体験から得た知識を英語では empirical knowledge または experiential knowledge というのですが，そういう**実践的・体験的知識**が重要なのではないかと思っています。

日高：いろいろお聞かせくださいまして，ありがとうございました。

〔著者〕**西田 透**(にしだ とおる)

1944 年	京都に生まれる
1970 年	大阪外國語大学卒業
同 年	ESC 西田 透英語学院を開校
1977 年	英語検定一級の部において,文部大臣賞・一級全国最優秀賞受賞
1996 年	アメリカ合衆国財団法人 外国語教育審議会 (ACTFL) による「英語部門における OPI 公認試験官」試験に合格,日本人で初めての OPI 公認試験官に就任
2008 年	ESC 西田 透英語学院を閉校
同 年	ESC 西田 透英語事務所を開設
2009 年	九州大学大学院非常勤講師
2012 年	西南学院大学非常勤講師予定

URL: http://www.esc-tn.co.jp

主な著書：
『英語は仮定法だ』(開拓社)
『英語は超訳だ』(ESC 出版)
『ジス・イズ・ア・ペン — 発声と意味と抑揚』(石風社)
『実用英語の論理』(石風社)
『忘れさられた英語の抑揚』(ESC 出版)

冠詞がわかれば，英語が楽しくなる!!

英語は冠詞だ

The Article — the Key to Success in English

著 者	西田 透
発行者	武村哲司
発行所	株式会社 開拓社
	〒113-0023 東京都文京区向丘 1 丁目 5 番 2 号
	Tel (03) 5842-8900 / Fax (03) 5842-5560
	http://www.kaitakusha.co.jp
	振替口座 00160-8-39587
印刷・製本	東京電化株式会社／日之出印刷株式会社

© Tohru Nishida, 2000. Printed in Japan.
ISBN978-4-7589-1302-7 C0082